»Ich bleibe zurück wie eine Gefangene«

Karin Feuerstein-Praßer

»Ich bleibe zurück wie eine Gefangene«

Elisabeth Christine
und Friedrich der Große

Verlag Friedrich Pustet
Regensburg

Umschlagmotiv:
Königin Elisabeth Christine von Preußen; im Hintergrund Schloss Schönhausen. – Gemälde von Frédéric Reclam, um 1764. Stiftung Preußische Schlösser und Gärten Berlin-Brandenburg, Inv. Nr. GK I 51199.

Bibliografische Information der Deutschen Nationalbibliothek
Die Deutsche Nationalbibliothek verzeichnet diese Publikation in der Deutschen Nationalbibliografie; detaillierte bibliografische Angaben sind im Internet über http://dnb.d-nb.de abrufbar.

www.verlag-pustet.de

ISBN 978-3-7917-2366-2

Umschlaggestaltung: Heike Jörss, Regensburg
Satz: Vollnhals Fotosatz, Neustadt a. d. Donau
Druck und Bindung: Friedrich Pustet, Regensburg
Printed in Germany 2011

Inhalt

Vorwort: Die vergessene Königin?

In der Berliner Nationalgalerie hängt *Das Flötenkonzert von Sanssouci*, ein Bild, das Adolph von Menzel 1852 gemalt hat. Es zeigt eine illustre Rokoko-Gesellschaft, die sich im Potsdamer Schloss bei Kerzenlicht versammelt hat, um den musikalischen Darbietungen des Preußenkönigs Friedrich II. (1712–1786) zu lauschen. Am Cembalo sitzt der Hofmusiker Carl Philipp Emanuel Bach, während der königliche Flötenlehrer Johann Joachim Quanz (am rechten Bildrand) seinem musizierenden Schüler aufmerksam zuhört. Drei Damen befinden sich im Publikum: Friedrichs Schwestern Wilhelmine, die kunstsinnige Markgräfin von Bayreuth, sowie Amalie, Äbtissin von Quedlinburg. Auch Gräfin von Camas, die betagte Oberhofmeisterin und gute Freundin des Königs, weilt unter den Gästen, die Friedrich II. nach Sanssouci eingeladen hat. Eine Person aber sucht der aufmerksame Beobachter auf Menzels stimmungsvollem Gemälde vergeblich: Königin Elisabeth Christine (1715–1797), die Gemahlin Friedrichs II. Kann es sein, dass der Künstler sie einfach vergessen hat? – Keineswegs. Sanssouci ist ohnehin nie ein Schloss der Frauen gewesen, und selbst die hier gezeigten drei Damen waren eher seltene Gäste. Elisabeth Christine aber ist nachweislich nie von ihrem Gemahl nach Sanssouci geladen worden und hat sein Lustschloss nur von außen gesehen. Seit der Thronbesteigung Friedrichs II. 1740 lebte sie entweder vom Preußenkönig getrennt in ihrer Wohnung im Berliner Stadtschloss oder – abgeschoben und abgeschieden – auf Schloss Schönhausen im Norden Berlins.

Nun war eine »Trennung von Tisch und Bett« in Fürstenkreisen ja nichts Ungewöhnliches, zumindest in späteren Ehejahren, wenn die »Familienplanung« bereits abgeschlossen war. Meist waren beide Partner dann ganz froh, ungestört ihren eigenen Interessen

Nur wenige auserwählte Damen hatten die Ehre, von Friedrich nach Schloss Sanssouci eingeladen zu werden. Elisabeth Christine aber gehörte niemals dazu. – Gemälde »Flötenkonzert Friedrichs des Großen in Schloss Sanssouci« von Adolph von Menzel, um 1850. – Alte Nationalgalerie Berlin.

nachgehen zu können, so wie Friedrichs Mutter Sophie Dorothea auf ihrem geliebten Berliner Schlösschen Monbijou. Doch dieser Fall lag anders: Zum einen sind aus der königlichen Ehe keine Kinder hervorgegangen. Zum anderen lebte Elisabeth Christine keineswegs gerne und aus freien Stücken allein. Ganz im Gegenteil, Friedrich hat die ihm aufgezwungene Gemahlin eigenmächtig aus seinem Gesichtskreis verbannt. Das tat ihrer Liebe zum König jedoch keinen Abbruch. Elisabeth Christine verehrte und bewunderte den »großen Preußen« seit der ersten Begegnung anlässlich ihrer Verlobung 1732. Diese bedingungslose Liebe zu ihm konnte nur der Tod beenden.

»Eine unglückliche Prinzessin mehr ...«

Brautwerbung

Behütete Kindheit am Hof von Wolfenbüttel

Gerade in Fürstenkreisen war ein harmonisches Familienleben damals eine Seltenheit. Wie wir später noch sehen werden, spielten sich hinter den dicken Palastmauern mitunter sogar recht ruppige Szenen ab. Elisabeth Christine aber, die am 8. November 1715 in Wolfenbüttel zur Welt kam, hatte in dieser Hinsicht großes Glück. Sie war das dritte Kind des Herzogs Ferdinand Albrecht von Braunschweig-Bevern und seiner Gemahlin Antoinette Amalie, einer geborenen Prinzessin von Braunschweig-Wolfenbüttel. Von den 15 Kindern, die die Herzogin zur Welt brachte, erreichten zwölf das Erwachsenenalter, darunter der älteste Sohn und Erbprinz Karl (1713–1780), Ferdinand (1721–1792) und Amalie Luise (1722–1780). Elisabeth Christine verstand sich mit ihren zahlreichen Geschwistern ausgesprochen gut und auch das Verhältnis zu den Eltern gestaltete sich durchaus liebevoll und herzlich.

Die Herzogsfamilie entstammte zwar dem alten und vornehmen Adelsgeschlecht der Welfen, dem schon Heinrich der Löwe angehörte, doch die Beverns waren nur eine eher unbedeutende Nebenlinie. Vater Ferdinand Albrecht verfügte als apanagierter Herzog über kein üppiges Einkommen und hatte daher eine Militärkarriere in kaiserlichen Diensten eingeschlagen. Dass die protestantischen Beverns einen so »guten Draht« zu den katholischen Habsburgern am Wiener Kaiserhof besaßen, verdankte man Antoinette Amalies rührigem Großvater, Herzog Anton-Ulrich von Braunschweig-Wolfenbüttel (1633–1714).

Herzog Anton Ulrich gehört wohl zu den eindrucksvollsten Persönlichkeiten des Welfenhauses. Der umfassend gebildete Fürst hatte nicht nur das Lustschloss Salzdahlum bei Wolfenbüttel errichten lassen, er war auch bestrebt gewesen, sein kleines Land vorteilhaft in das Machtgefüge des Heiligen Römischen Reiches einzubinden. Das beste Mittel dazu war natürlich eine geschickte Heiratspolitik. So hatte er es geschafft, dass seine Enkelin Elisabeth Christine (1691–1750), eine Schwester von Antoinette Amalie, 1708 in Wien mit Kaiser Karl VI. verheiratet wurde. Ein enormer Prestigegewinn für das kleine Fürstentum Braunschweig-Wolfenbüttel! Die junge Elisabeth Christine konnte daher stolz darauf sein, die gleichnamige Kaiserin von Österreich zur (Paten)Tante zu haben.

Während nun Ferdinand Albrecht seinen verschiedenen militärischen Verpflichtungen nachging, lebte Antoinette Amalie mitsamt der großen Kinderschar am Hof ihres Vaters Ludwig Rudolf, seit 1731 regierender Herzog von Braunschweig-Wolfenbüttel. Das idyllische Fachwerkstädtchen Wolfenbüttel mit seinem imposanten Schloss und der berühmten Herzog-August-Bibliothek war die langjährige Residenz der Herzöge, bis Elisabeth Christines Bruder Karl I. 1753 beschloss, sein Land künftig vom größeren Braunschweig aus zu regieren, und mit seiner Familie ins Graue Schloss am Bohlweg umzog.

Die höfische Erziehung, die Elisabeth Christine erhielt, war eher oberflächlich, beschränkte sich auf deutsche und französische Konversation, ein wenig Musik und Malerei. Noch später fertigte sie unter der fachmännischen Anleitung des Berliner Hofmalers Antoine Pesne (1683–1757) ein paar hübsche Pastellzeichnungen an, die freilich kein besonderes Talent offenbaren. Trotzdem kann sich zum Beispiel ihr Selbstbildnis aus dem Jahr 1738 durchaus sehen lassen. Geistige Anregungen hingegen bekam die Prinzessin wohl eher wenige. Auch mit der Rechtschreibung stand sie ein Leben lang auf Kriegsfuß, selbst wenn man einräumen muss, dass es damals noch keinen »Duden« gab, der für die Orthografie maßgeblich war. Aber sie schrieb sogar ihren eigenen Namen falsch, nämlich »Elisabeht«.

Großen Wert legte die Bevern-Familie allerdings auf eine umfassende religiöse Erziehung, denn sie nahm ihren evangelisch-lutherischen Glauben sehr ernst. So hat Elisabeth Christine aus ihrem bedingungslosen Gottvertrauen ein Leben lang Kraft und Zuversicht schöpfen können – ohne gleich in pietistischen Übereifer zu verfallen. Sie war fromm, aber keineswegs bigott. In dieser behüteten Atmosphäre wuchs sie zu einem stillen, pflichtbewussten und eher schüchternen jungen Mädchen heran, nicht ahnend, dass ihre unbeschwerte Jugend schon bald ein Ende haben würde.

Als älteste Tochter – ihre Schwester Luise Amalie war sieben Jahre jünger – sollte Elisabeth Christine auch als Erste vor den Traualtar treten. Eigentlich waren die Zukunftsaussichten der Bevern-Prinzessin eher bescheiden, zumal ihre Mitgift ja keineswegs üppig ausfallen würde. Doch dank der geschickten Heiratspolitik ihres Großvaters war man auch in Wien auf die junge Nichte der Kaiserin aufmerksam geworden. Und weil die Habsburger vorhatten, ihre Beziehungen zum Berliner Hohenzollernhof zu intensivieren, rückte Elisabeth Christine immer mehr in den Fokus der machtpolitischen Pläne. In Berlin nämlich gab es mit dem 1712 geborenen Kronprinzen Friedrich von Preußen einen potenziellen Heiratskandidaten. Es lag also auf der Hand, dass man versuchen wollte, ihm eine dem Hause Habsburg nahestehende Prinzessin als künftige Ehefrau schmackhaft zu machen. Zum Beispiel Elisabeth Christine von Braunschweig-Wolfenbüttel. Die Aussichten für das Gelingen des ehrgeizigen Projekts waren zunächst jedoch denkbar schlecht.

Kontrastprogramm am Berliner Königshof

Seit dem Tod Friedrichs I. (1656–1713), dem ersten König »in« Preußen, herrschte dessen einziger Sohn als Friedrich Wilhelm I. (1688–1740) über das aufstrebende Land. Wegen seiner Liebe für die »langen Kerls« und alles Militärische überhaupt ist er als »Soldatenkönig« in die Geschichte eingegangen, obwohl er gar keine Angriffskriege geführt hat. Friedrich Wilhelm war mit seiner Cousine Sophie Dorothea (1687–1757) verheiratet, einer stolzen Welfin aus dem Hause Hannover, Tochter Georgs I., dem Kurfürsten von Hannover, der 1714 den englischen Thron bestiegen hatte. 1727 beerbte Sophie Dorotheas Bruder als Georg II. seinen verstorbenen Vater.

Die Linie des Welfenhauses Hannover (Braunschweig-Lüneburg) stand trotz gemeinsamer Wurzeln in direkter Konkurrenz zum Zweig Braunschweig-Wolfenbüttel. Zwar waren die bedeutenderen Fürsten eher in Wolfenbüttel gesessen, doch dann entwickelte Sophie Dorotheas Großvater Herzog Ernst August von Braunschweig-Lüneburg (1629–1698) plötzlich enormen politischen Ehrgeiz und schaffte es unter großen Opfern, 1693 die Kurwürde zu erringen. Da sich seine Residenz in Hannover befand, setzte sich dieser Ortsname mit der Zeit auch für das ganze Kurfürstentum durch. Ernst August war mit Sophie von der Pfalz (1630–1714) verheiratet, der Tochter des glücklosen »Winterkönigs« Friedrich V. von der Pfalz und seiner englischen Gemahlin Elisabeth Stuart. Als sich abzeichnete, dass die englische Königin Anna Stuart ohne Erben sterben würde, wurde die bereits 71-jährige Sophie 1701 zu deren Nachfolgerin ernannt. Die greise Kurfürstin-Witwe verfehlte den Thron nur knapp. Sie starb 1714 wenige Wochen vor der englischen Königin. Und so kam es, dass ihr ältester Sohn Georg Ludwig (1660–1627) noch im gleichen Jahr als erster König aus dem Hause Hannover den englischen Thron bestieg.

Eigentlich hatte die stolze Sophie Dorothea mit dem preußischen »Soldatenkönig« gar keine schlechte Partie gemacht, als sie im November 1706 mit ihm verheiratet wurde. Allerdings hatte sich die verwöhnte Welfenprinzessin das Leben an der Spree ein wenig anders vorgestellt, herrschaftlicher und luxuriöser. Das war es aber nur bis zum Tod ihres königlichen Schwiegervaters Friedrich I. 1713 gewesen. Ihr Gemahl hingegen war ein äußert sparsamer Monarch, der gleich nach seinem Regierungsantritt den berühmten »Strich durch den Etat« gemacht hatte, um den maroden Staatshaushalt zu sanieren, den ihm sein Prunk liebender Vater hinterlassen hatte. Er reduzierte die kostspieligen Umbauarbeiten am Berliner Stadtschloss, ließ die privaten Räume eher schlicht gestalten, strich sogar kostspielige Delikatessen vom königlichen Speiseplan und sparte noch so manches mehr ein. Sein »Fiekchen« aber, wie er Sophie Dorothea gerne nannte, kam dabei eigentlich nicht zu kurz. Und trotzdem empfand die Königin so ähnlich wie ihre älteste Tochter Wilhelmine, die Berlin später in ihren Memoiren als das

Georg Wilhelm (1624–1705) Herzog — ⚭ 1676 — Eleonore d'Olbreuse (1639–1722)

Ernst August v. Braunschweig-Lüneburg (1629–1698) Kf. v. Hannover (1692) — ⚭ 1658 — Sophie (1630–1714) T des Kf. Friedrich V. v. d. Pfalz u. der Elisabeth Stuart

Sophie Dorothea (1666–1726) „Przn. v. Ahlen" — ⚭ 1682 (o|o 1694) — Georg Ludwig (1660–1727) Kf. v. Hannover (1698/1708) als Georg I. Kg. v Großbritannien (seit 1714)

Georg August (1683–1760) Kf. v. Hannover und als Georg II. Kg. v. Großbritannien (seit 1727) ⚭ Caroline v. Ansbach-Bayreuth (1683–1737)

Sophie Dorothea (1687–1757) — ⚭ 1706 — **Friedrich Wilhelm I.** (1688–1740) Kg. in Preußen (1713)

Friedrich (1707–1708) Prz. v. Oranien

Wilhelmine (1709–1758) ⚭ Mgf. Friedrich v. Brandenburg-Bayreuth (1711–1763)

Friedrich Wilhelm (1710–1711) Prz. v. Oranien

Friedrich (II.) (1712–1786) Kg. v. Preußen ⚭ Elisabeth Christine v. Braunschweig-Bevern *s. S. 116*

Charlotte (1713–1714)

Friederike Luise (1714–1784) ⚭ Mgf. Karl Wilhelm v. Brandenburg-Ansbach (1712–1757)

Charlotte (1716–1801) ⚭ Karl I. Hzg. v. Braunschweig-Wolfenbüttel (1713–1780)

Karl (1717–1719)

Sophie (1719–1765) ⚭ Mgf. Friedrich Wilhelm v. Brandenburg-Schwedt (1700–1771)

Luise Ulrike (1720–1782) ⚭ Adolf Friedrich (1710–1771) Kg. v. Schweden

August Wilhelm (1722–1758) ⚭ Luise v. Braunschweig-Bevern (1722–1780)

Friedrich Wilhelm II. (1744–1797) Kg. v. Preußen (1786) ⚭ 1769 Friederike Luise

Amalie (1723–1787) Äbtissin v. Quedlinburg

Heinrich (1726–1802) ⚭ Lgf. Wilhelmine v. Hessen-Kassel (1726–1808)

Ferdinand (1730–1813) ⚭ Mgf. Luise v. Brandenburg-Schwedt (1738–1820)

»Sparta des Nordens« bezeichnete. Prunkvolle Bälle und aufwändige Festlichkeiten gab es damals an der Spree tatsächlich nur äußert selten. Wenn Sophie Dorothea aber schon selbst auf Glanz und Glamour verzichten musste, so sollten es zumindest ihre Kinder einmal besser haben, wenigstens die beiden ältesten. Deshalb plante sie schon früh, die 1709 geborene Wilhelmine mit dem englischen Thronerben zu verheiraten, dem Sohn ihres königlichen Bruders. Gleichzeitig sollte sich der preußische Kronprinz Friedrich mit seiner englischen Cousine Amalie vermählen.

Zunächst war auch Friedrich Wilhelm I. einer solchen Doppelhochzeit keineswegs abgeneigt, sodass das ehrgeizige Heiratsprojekt allmählich Gestalt annehmen konnte. Es gab jedoch am preußischen Hof eine höchst aktive, Österreich-freundliche Gruppe, die die geplante Verbindung mit England unbedingt verhindern wollte. Die Köpfe dieser einflussreichen Partei waren der Reichsgraf Friedrich Heinrich von Seckendorff (1673–1763), der als Vertreter des Kaisers 1726 nach Berlin kam, sowie Friedrich Wilhelm von Grumbkow (1678–1739), königlich-preußischer Minister und ein enger Vertrauter des Königs. Beide Männer ließen nichts unversucht, Friedrich Wilhelm I. davon zu überzeugen, dass es am besten wäre, seinen ältesten Sohn mit einer Habsburg-freundlichen Prinzessin zu verheiraten. Zum Beispiel mit Elisabeth Christine von Braunschweig-Bevern.

Noch war in Berlin keine Entscheidung gefallen, doch es sah zunächst so aus, als ließe sich die geplante Doppelhochzeit tatsächlich in absehbarer Zeit realisieren. Als dann aber Sophie Dorotheas Bruder als Georg II. den englischen Thron bestieg, gerieten die Pläne plötzlich ins Wanken. Georg II. hatte keine rechte Lust, mit seinem preußischen Vetter Friedrich Wilhelm I. noch weitere verwandtschaftliche Bande zu knüpfen. Die beiden kannten sich von Kindesbeinen an – und konnten sich gegenseitig nicht ausstehen. Hinzu kam ein anderer Punkt. In London gab es nämlich eine starke antipreußische Partei, die seit dem Thronwechsel zunehmend an Einfluss gewann und von der Doppelhochzeit abriet – genauso wie es Grumbkow und Seckendorff in Berlin versuchten. Friedrich Wilhelm I. schwankte. Da Preußen damals keinen »natürlichen« Bündnispartner hatte, kam England für eine dynastische Verbindung ebenso in Frage wie Österreich – das der »deutsch« denkende Preußenkönig jetzt mehr und mehr favorisierte. So kam es, wie es kommen musste: Das ehrgeizige Heiratsprojekt löste sich in Luft auf.

Königin Sophie Dorothea, die ihre Tochter Wilhelmine schon heimlich als englische Königin gesehen hatte, hielt jedoch verbissen an dem Heiratsprojekt fest. Die gravierenden Meinungsverschiedenheiten in der Familie führten dazu, dass sich die ohnehin stets aufgeladene Stimmung im Berliner Schloss noch weiter aufheizte – und schließlich gar den Siedepunkt erreichte. Hinter dem Rücken ihres königlichen Gemahls hetzte Sophie Dorothea ihre Kinder Wilhelmine und Friedrich dazu auf, sich gegen den Willen des Vaters zu stellen. Selbst nachdem sich Friedrich Wilhelm I. ganz klar gegen die »englische Hochzeit« ausgesprochen hatte, konnte und wollte Sophie Dorothea sich ihre Niederlage nicht eingestehen. Sie zwang den Kronprinzen sogar, einen Brief nach England zu schreiben, in dem er sein Ehrenwort gab, keine andere als Amalie zu heiraten. Als der König von dieser Intrige erfuhr, geriet er außer sich vor Wut über den »Schurken Fritz« und gab dem Familiendrama noch weiteren Auftrieb. Schließlich war die ganze Atmosphäre am Hohenzollernhof so vergiftet, dass Kronprinz Friedrich keinen anderen Ausweg mehr sah, als 1730 gemeinsam mit seinem Freund Katte zu fliehen. Wie man weiß, ist dieser Fluchtversuch gescheitert – und wurde grausam geahndet. Der König ließ Katte vor den Augen seines Sohnes hinrichten und Friedrich selbst in Küstrin gefangen setzen. Zumindest Sophie Dorothea und Wilhelmine fürchteten damals das Schlimmste. Hing jetzt auch das Leben des Kronprinzen am seidenen Faden? Würde der zornige Vater mit dem unbotmäßigen Sohn ebenfalls »kurzen Prozess« machen? Doch diese Ängste waren unbegründet. Friedrich kam wieder frei, aber erst nachdem er dem König versprochen hatte, künftig ein gehorsamer Sohn zu sein und sich den väterlichen Anordnungen nie mehr zu widersetzen. Und dazu gehörte auch, dass er einmal die Frau heiratete, die der König für die Richtige hielt – und das war nicht mehr die englische Prinzessin Amalie.

Dass sich der Preußenkönig schließlich von Grumbkow und Seckendorff davon überzeugen ließ, den Kronprinzen tatsächlich mit Elisabeth Christine zu verheiraten, hatte nicht nur politische, sondern auch persönliche Gründe. Friedrich Wilhelm I. kannte den Bevern-Herzog Ferdinand Albrecht schon lange und schätzte ihn als einen tüchtigen und zuverlässigen Mann, der aus ähnlichem Holz geschnitzt war wie er selbst – fromm, pflichtbewusst und trinkfest zugleich. Einer verwandtschaftlichen Beziehung zu den Beverns war er durchaus nicht abgeneigt.

Von den väterlichen Heiratsplänen ahnten weder die 16-jährige Elisabeth Christine noch der junge Friedrich selbst etwas. Der Kronprinz wusste lediglich, dass sein Vater für ihn »auf Brautschau« ging und fühlte sich allein bei dem Gedanken daran äußerst unwohl. Ganz gleich, auf welche Prinzessin die Wahl fallen würde – Friedrich verspürte nicht die geringste Lust, überhaupt zu heiraten. Im Dezember 1731 schrieb er an den königlich-preußischen Minister von Grumbkow: »Solange man mich Junggeselle bleiben lässt, werde ich Gott danken, es zu sein; und wenn ich mich verheirate, werde ich gewiss ein schlechter Ehemann sein, denn ich fühle in mir weder genug Beständigkeit noch Liebe zum weiblichen Geschlecht, um glauben zu können, ich würde sie in der Ehe in mich aufnehmen. Der bloße Gedanke an meine Frau ist mir so eine verhasste Sache, dass ich nicht ohne Abneigung daran denken kann. Trotzdem würde ich aus Gehorsam alles tun, aber niemals in guter Ehe leben.«

Das waren klare Worte des knapp 20-jährigen Kronprinzen. Doch er wusste genau, dass er gar keine andere Wahl hatte, die entsprechenden Wünsche seines Vaters zu erfüllen. Und wie die aussahen, schrieb ihm der Preußenkönig am 4. Februar 1732: »Ihr wisst, mein lieber Sohn, dass, wenn meine Kinder gehorsam sind, ich sie sehr lieb habe, so wie Ihr zu Berlin gewesen, ich Euch alles von Herzen vergeben habe und auf nichts gedacht als auf Euer Wohlsein und Euch zu etablieren, sowohl bei der Armee als auch bei einer ordentlichen Schwiegertochter. Da sich denn die Prinzessin, die Älteste von Bevern gefunden, modeste und eingezogen, so

Prinzessin Elisabeth Christine von Braunschweig-Bevern wuchs in Wolfenbüttel in einer behüteten Atmosphäre auf. Zu Eltern und Geschwistern hatte sie ein gutes Verhältnis. – Gemälde (Werkstattkopie) um 1740, nach Antoine Pesne. Schloss Charlottenburg.

müssen Frauen sein. Die Prinzessin ist nicht hässlich, auch nicht schön. Ihr sollt keinem Menschen was davon sagen, wohl aber der Mama schreiben, dass ich Euch geschrieben habe …«

Es lässt sich denken, dass »die Mama« alles andere als erfreut war, als sie erfuhr, dass sie eine unbedeutende Prinzessin aus der norddeutschen Provinz zur Schwiegertochter bekommen sollte, zudem noch eine aus der konkurrierenden Braunschweiger Welfenlinie. Sophie Dorothea hatte es schon nicht verhindern können, dass Wilhelmine am 20. November 1731 den Erbprinzen Friedrich von Bayreuth heiraten musste – auch so einen Duodez-Fürsten aus einem »Provinznest«. Sie ließ daher nichts unversucht, Elisabeth Christine gegenüber ihrem Sohn in den schwärzesten Farben zu schildern. Sie bezeichnete die Bevern-Prinzessin schlicht und einfach als »dumme Gans«, äußerte die Vermutung, sie habe auch noch eine »schiefe Hüfte« und sei obendrein eine griesgrämige Frömmlerin. Die Königin wusste schließlich ganz genau, wo sie bei ihrem Sohn ansetzen musste. Und Friedrich reagierte auch prompt, indem er entsetzt an Grumbkow schrieb: »Ich will nicht, dass meine Frau dumm ist, ich muss vernünftige Gespräche mit ihr führen können. Ich will lieber das gemeinste Weibsstück von ganz Berlin haben als eine Betschwester mit einem Gesicht wie ein ganzes dutzend Mucker zusammen.« Gleichzeitig stellte er klar, dass ihm Elisabeth Christine auch irgendwie leid tat: »Ich bedaure diese arme Person, denn dadurch wird es eine unglückliche Prinzessin mehr auf der Welt geben.« Doch Friedrich hatte keine Wahl. Am 22. Februar 1732 versprach er seinem Vater, die »arme Person« zu heiraten. Auch Elisabeth Christine musste sich den Wünschen ihrer Familie fügen, so war es nun einmal üblich. Die Verlobung mit dem preußischen Kronprinzen sollte am 10. März des Jahres in Berlin stattfinden.

»Ich empfinde keine Abneigung gegen die Prinzessin«

Während die Gesandten beider Fürstenhöfe schon fleißig die detaillierten Pläne für die bevorstehende Hochzeit ausarbeiteten, musste Elisabeth Christine zu Hause in Wolfenbüttel das Krankenbett hüten. Ihre Eltern machten sich große Sorgen, denn die Prinzessin hatte sich mit den Pocken infiziert, einer Krankheit, die damals in vielen Fällen einen tödlichen Ausgang nahm. Und selbst wenn die Patienten überlebten, behielten sie oftmals hässliche Narben im Gesicht bei, so wie es auch bei Königin Sophie Dorothea der Fall gewesen war. Doch Elisabeth Christine hatte Glück. Sie wurde schnell wieder gesund und ihr Teint war auch nach überstandener Krankheit noch genauso makellos wie zuvor. Der termingerechten Verlobung stand damit nichts mehr im Wege.

Wir wissen leider nicht, wie Elisabeth Christine reagierte, als sie erfuhr, dass sie den Kronprinzen von Preußen heiraten sollte. Vermutlich empfand sie zunächst einmal große Angst und Unsicherheit, schließlich hatte nichts und niemand sie darauf vorbereitet, dass sie eines Tages am Hohenzollernhof leben und dort repräsentative Verpflichtungen erfüllen würde. Ja, sie kannte ihren Bräutigam noch nicht einmal! Was würde sie in Berlin wohl erwarten?

Zunächst einmal erfuhr sie, dass die preußische Königsfamilie fast so groß war wie ihre eigene. Von den 15 Kindern, die Sophie Dorothea zur Welt gebracht hatte, lebten noch zehn. Das waren außer dem Kronprinzen und seiner älteren Schwester Wilhelmine (1709–1758) Friederike (1714–1784), Charlotte (1716–1801), Sophie (1719–1765), Ulrike (1720–1784), August Wilhelm (1722–1758), Amalie (1723–1787), Heinrich (1726–1802) und das »Nesthäkchen« Ferdinand (1730–1813). Wilhelmine und Friederike hatten das Elternhaus bereits verlassen. Friederike war schon im Mai 1729 mit dem jungen Markgrafen von Brandenburg-Ansbach verheiratet worden und kam nur noch selten nach Berlin. Auch für Charlotte waren die Weichen für die Zukunft bereits gestellt: Sie hatte sich 1730 auf Wunsch ihres Vaters widerspruchslos mit Elisabeth Christines ältestem Bruder Karl verlobt und sollte ihm später einmal nach Wolfenbüttel folgen.

Doch während sich das Familienleben bei den Beverns meist friedlich und harmonisch gestaltete, ging durch die preußische Königsfamilie ein tiefer Riss. Friedrich Wilhelm I. konnte es nicht ertragen, wenn sich Frau und Kinder seinem Willen widersetzten – und das taten manche von ihnen mit großer Vorliebe. So hatte

Sophie Dorothea schon früh begonnen, hinter dem Rücken des strengen Gemahls ihre eigenen Interessen zu verfolgen, und bekanntlich auch die Kinder in ihr Intrigenspiel mit einbezogen. Vor allem Wilhelmine und Friedrich, die sich eng aneinander anschlossen, nahmen in der Regel die Position der Mutter ein und zogen sich so immer wieder den Zorn des königlichen Vaters zu. Während der Preußenkönig aus dem eher zarten und musisch begabten Kronprinzen einen guten Soldaten und »richtigen Kerl« machen wollte, förderte Sophie Dorothea heimlich die künstlerischen und literarischen Neigungen ihres Ältesten, stellte ihm ihre Bibliothek zur Verfügung und ermunterte ihn zum Flötenspiel. Mitunter kam es vor, dass der cholerische Soldatenkönig seinen »effiminierten« und seiner Ansicht nach verweichlichten Sohn dabei erwischte, im Zorn dessen geliebte Querflöte zerbrach und ihm noch eine saftige Ohrfeige verpasste. Trotz allem liebte er seine Kinder und wollte tatsächlich nur »das Beste« für sie. Wenn sie gehorsam waren und ihren Vater nicht reizten, dann gab es auch keine Probleme. Mit Charlotte zum Beispiel verstand sich Friedrich Wilhelm I. blendend, und der aufgeweckte August Wilhelm war ohnehin sein großer Liebling.

In dieser spannungsgeladenen Atmosphäre hatte Kronprinz Friedrich gelernt, dass es nicht unbedingt Ehrlichkeit und Gradlinigkeit waren, die einen ans Ziel brachten. Das sollte auch Elisabeth Christine später schmerzlich zu spüren bekommen. Wärme, Sanftmut und herzlichen Umgang miteinander suchte man am Hohenzollernhof vergebens. Königin Sophie Dorothea und ihre Töchter waren nämlich typische Vertreterinnen des Rokoko, gebildet, eloquent, elegant und modisch aufgeputzt, witzig und spritzig mit einer ordentlichen Prise Sarkasmus. Sie akzeptierten daher nur eine Prinzessin als Schwägerin und Schwiegertochter, die die gleichen Eigenschaften besaß wie sie selbst. Eines durfte sie auf keinen Fall sein: bieder und langweilig. Das sah Kronprinz Friedrich genauso. Wenn er sich schon mit Frauen umgab, dann mussten sie »männliche Qualitäten« besitzen, gebildet sein und gleichsam mit ihm »auf Augenhöhe« stehen.

So nahte der schicksalsträchtige Tag heran, an dem Elisabeth Christine endlich ihren Bräutigam und dessen Familie kennen lernen sollte. Anfang März 1732 machte sich die Prinzessin zusammen mit ihren Eltern auf die Reise nach Berlin, höchstwahrscheinlich mit klopfendem Herzen. Die preußische Königsfamilie wartete bereits, als die herzogliche Kutsche endlich in den Hof des Berliner Stadtschlosses einfuhr. Der erste Eindruck, den Elisabeth Christine von ihrem künftigem Zuhause erhielt, war ganz offensichtlich ambivalent. Während sie von Friedrich Wilhelm I. mit großer Freude und ehrlicher Herzlichkeit in die Arme geschlossen wurde, konnte Sophie Dorothea ihr Missfallen nur mühsam hinter der höfischen Etikette verbergen. Auch Kronprinz Friedrich begrüßte seine künftige Braut – natürlich unter den Argusaugen seiner Mutter – eher kühl und zurückhaltend. Aber das scheint Elisabeth Christine bei ihrer ganzen Aufregung überhaupt nicht bemerkt zu haben. Vor ihr stand ein ausgesprochen gut aussehender und elegant gekleideter junger Mann, allerdings einen halben Kopf kleiner als sie selbst. Aber das spielte überhaupt keine Rolle. Bei ihr war es Liebe auf den ersten Blick!

Doch auch Kronprinz Friedrich war eher angenehm überrascht. Nach den wütenden Hasstiraden seiner Mutter hatte er schon mit dem Schlimmsten gerechnet. Denn was er jetzt sah, war ein recht hübsches, wenn auch reichlich schüchternes junges Mädchen, fast noch ein Kind, aber von hoch gewachsener, schlanker Statur, mit großen blauen Augen und aschblondem Haar. Natürlich fiel ihm auf, dass Elisabeth Christine keine elegante Kleidung trug, wie unsicher sie auftrat und wie unbeholfen sie sich auf dem höfischem Parkett bewegte; ansonsten aber hatte er zunächst nur wenig an ihr auszusetzen. Seiner Schwester Wilhelmine schrieb Friedrich noch am gleichen Tag: »Was die Prinzessin anbelangt, so hasse ich sie nicht so sehr, wie ich mir den Anschein gebe. Ich tue so, als ob ich sie nicht ausstehen könnte, um meinem Gehorsam gegen den König mehr Gewicht zu verleihen. Sie ist hübsch, hat einen Teint wie Milch und Blut, feine Züge und ihr ganzes Äußeres ist das einer schönen Frau.« Nur eines bemängelte er an ihr: »Sie hat keine Erziehung, sie zieht sich schlecht an, aber ich hoffe, wenn sie hier sein wird, Du die Güte haben wirst, sie umzuformen. Ich empfehle sie Dir, liebe Schwester.«

Als Elisabeth Christine den preußischen Kronprinzen Friedrich zum ersten Mal sah, war es Liebe auf den ersten Blick. Das galt allerdings nicht im umgekehrten Fall. – Gemälde von Antoine Pesne, 1736. Huis Doorn, Niederlande.

Dass sich Elisabeth Christine »schlecht anzog« bedeutete höchstwahrscheinlich nur, dass sie nicht nach dem neuesten modischen Schick gekleidet war. Königin Sophie Dorothea und ihre Töchter waren hingegen genauso elegant gekleidet, wie die Hofmaler sie auf die Leinwand gebannt haben. Sie trugen tief ausgeschnittene Seidenroben, die Taillen so eng wie nur möglich geschnürt und weit ausladende Reifröcke. Das Haar war eng an den Kopf frisiert und weiß gepudert, ebenso der Teint, dessen Zartheit durch rote Schminke unterstrichen wurde. Doch Elisabeth Christines äußeres Erscheinungsbild ließ sich leicht ändern.

So verliefen die Verlobungsfeierlichkeiten am 10. März 1732 in recht entspannter Atmosphäre. Noch hatte es den Anschein, als könnte aus dieser dynastischen Verbindung eine ganz normale fürstliche Ehe werden, in der sich die Partner zwar nicht unbedingt liebten, einander aber doch mit freundschaftlichem Respekt begegneten. In diesem Sinne äußerte sich Friedrich auch gegenüber Grumbkow: »Ich empfinde keine Abneigung gegen die Prinzessin; sie hat ein gutes Herz«. Einschränkend fügte er jedoch hinzu: »Aber lieben werde ich sie niemals können.«

»... und dann lebe die Freiheit« – Gedankenspiele des Bräutigams

Allein die Verlobung markierte einen entscheidenden Wendepunkt in Elisabeth Christines eher beschaulichem Leben. Nachdem sie wieder in Wolfenbüttel war, musste sie sich gründlich auf ihre künftige Stellung als Kronprinzessin von Preußen vorbereiten. Sie war fest entschlossen, alles in ihrer Macht Stehende zu tun, um den Wünschen ihres anspruchsvollen Bräutigams zu genügen. Das bedeutete zunächst einmal, dass der Französischunterricht wieder aufgenommen wurde. Eigentlich war die Ausbildung der 16-jährigen Prinzessin bereits abgeschlossen, doch ihre Kenntnisse der französischen Sprache waren noch längst nicht perfekt. Zwar sprach und schrieb der Preußenkönig vorwiegend Deutsch, der Kronprinz hingegen benutzte in Wort und Schrift ausschließlich das elegante Französisch und bekannte später sogar gegenüber dem »Literaturpapst« Johann Christoph Gottsched: »Ich habe von Jugend an kein deutsches Buch gelesen und rede es wie ein Kutscher.«

Weil sich Friedrich in Berlin beschwert hatte, Elisabeth Christine tanze »wie eine Gans«, wurde eigens ein renommierter Tanzlehrer an den herzoglichen Hof geholt, der der Prinzessin beibringen sollte, wie man sich mit vollendeter Eleganz auf dem Parkett bewegte. Zum Glück ahnte Elisabeth Christine damals noch nicht, wie vergeblich all ihre Bemühungen waren, das Wohlgefallen ihres Bräutigams zu erlangen.

Derweil machte Friedrich aus seinen Ansichten über die Frauen im Allgemeinen und Elisabeth Christine im Besonderen keinen Hehl. Im Herbst 1732 schrieb er an Grumbkow: »Ich hoffe nicht, dass sich der König in meine Angelegenheiten mischen wird, sobald ich verheiratet bin, denn dann würden sie gewiss einen schlechten Fortgang haben und die Frau Prinzessin könnte darunter leiden. Die Ehe macht volljährig, und sobald ich das bin, werde ich Herr im Hause sein und meine Frau hat nichts zu befehlen. Ich halte den Mann, der sich von Frauen regieren lässt, für den größten Tropf der Welt und unwürdig, den Namen Mann zu führen. Darum verheirate ich mich, wenn es geschieht, als galant-homme, das heißt, ich lasse Madame handeln, wie es ihr beliebt und tue meinerseits, was mir gefällt, und dann lebe die Freiheit! Ich liebe das schöne Geschlecht. Aber meine Liebe ist flatterhaft. Ich will nur den Genuss. Der Rest ist Widerwille. Danach mögen Sie urteilen, ob ich von dem Holze bin, aus dem man brave Ehegatten schnitzt. Ich gerate in Wut bei dem Gedanken, es zu werden. Aber ich mache aus der Not eine Tugend. Ich werde mein Wort halten. Aber sobald es geschehen ist, heißt es dann: bon jour Madame et bon chemin!«

Im Klartext sollte das wohl heißen, dass Friedrich zwar einem amourösen Abenteuer keineswegs abgeneigt war, sich jedoch nicht in der Lage sah, eine halbwegs normale Ehe zu führen und eine Frau länger als eine Nacht neben sich zu dulden. Er hatte also bereits ganz deutliche Vorstellungen von seinem Zusammenleben mit Elisabeth Christine. Dabei wusste er natürlich sehr genau, dass er als gehorsamer Sohn zumindest vorübergehend den liebenden Bräutigam mimen musste, um den König nicht unnötig zu reizen. Aber sein Vater würde schließlich nicht ewig leben. Schon jetzt war Friedrich Wilhelm I. ein schwerkranker Mann, obwohl er soeben erst seinen 44. Geburtstag gefeiert hatte. Er wog weitaus mehr als zwei Zentner, litt unter Gicht und massiven Herzproblemen. Sein leidenschaftlicher Appetit auf fette, schwer verdauliche Speisen, sein enormes Arbeitspensum einschließlich strapaziöser Inspektionsreisen quer durch das ganze Land – das alles forderte seinen Tribut. Der König wurde zunehmend kurzatmig und die immer häufiger auftretenden Gichtanfälle bereiteten ihm fast unerträgliche Schmerzen.

Andererseits musste der Kronprinz aufpassen, dass er seine Mutter nicht verärgerte, wenn er vor dem Vater den liebenden Bräutigam mimte. Sophie Dorothea hatte zumindest für ihren Sohn die Hoffnung auf eine englische Heirat noch nicht aufgegeben und verfolgte das unselige Projekt einfach verbissen weiter. Als Wilhelmine seinerzeit in die Hochzeit mit Friedrich von Bayreuth eingewilligt hatte, war die Königin so wütend geworden, dass sie schwor, ihrer Tochter niemals zu verzeihen. Sie warf ihr »Bosheit des Herzens« sowie »niedere Gesinnung« vor und verfluchte sie als ihre ärgste Feindin. Auch jetzt, ein Jahr später, war der Zorn noch immer nicht verraucht. Das bekam Wilhelmine zu spüren, als sie im Winter 1732 zu Besuch nach Berlin kam. Der Empfang durch die Königin war ausgesprochen frostig. In ihren Memoiren beschrieb Wilhelmine später ein vertrauliches Gespräch mit Friedrich, der seinem Kummer über die intrigante Mutter damals ebenfalls Luft gemacht haben soll: »Ich bat ihn, mir zu sagen, ob das Bild, das die Königin und meine Schwester von der Prinzessin von Braunschweig entworfen hatten, ein zutreffendes sei. ›Wir sind allein‹, versetzte er, ›ich halte vor Ihnen nichts geheim und will Ihnen die Wahrheit sagen. Die Königin mit ihren verwünschten Intrigen ist die einzige Quelle unserer Leiden. Kaum waren Sie fort, als sie wieder ihre Unterhandlungen mit England aufnahm. Sie wollte Ihre Schwester Charlotte an Ihre Stelle setzen und sie mit dem Prinzen von Wales verheiraten. Endlich mischte sich Seckendorff darein und riet dem König, dem Unwesen ein Ende zu machen, indem er mich mit der Prinzessin von Braunschweig verlobe. Die Königin ist untröstlich darüber; ihr Kummer macht sich dadurch Luft, dass sie die arme Prinzessin mit ihrem Hass verfolgt. Sie wollte, dass ich die Partie unweigerlich ausschlage. Aber ich habe mich geweigert, ihren Rat zu befolgen.‹«

Selbst wenn man Wilhelmines Memoiren mit einer gewissen Vorsicht lesen muss, so könnte diese Darstellung durchaus der Wahrheit entsprechen, wobei sich Friedrich wahrscheinlich nicht ganz so scharf über die Königin geäußert haben wird. Zum Glück ahnte Elisabeth Christine nichts davon, welches »Wespennest« sie in Berlin erwarten würde.

Hochzeit auf Schloss Salzdahlum

Der Hochzeitstermin, den man auf den 12. Juni 1733 festgesetzt hatte, rückte immer näher. Seit der Verlobung hatte Elisabeth Christine ihren Bräutigam nicht mehr gesehen. Zwar schrieb ihr Friedrich – auf väterlichen Befehl – einmal wöchentlich einen kurzen Brief, doch diesen Schreiben war deutlich anzumerken, dass er seiner Braut überhaupt nichts zu sagen hatte. Wenn der Kronprinz mit seiner Schwester Wilhelmine korrespondierte, dann tauschte er sich mit ihr gewöhnlich nicht nur über persönliche Dinge aus, sondern auch über Literatur, Musik und philosophische Fragen. Aber das waren Themen, die in Elisabeth Christines Erziehung ja eher eine untergeordnete Rolle gespielt hatten.

Normalerweise war es Aufgabe der fürstlichen Eltern, die Hochzeit ihrer Tochter auszurichten. Doch weil Ferdinand Albrecht die finanziellen Mittel dazu fehlten, musste sein Schwiegervater, Herzog Ludwig Rudolf von Braunschweig-Wolfenbüttel, in die Bresche springen. Es war geplant, dass die Trauungszeremonie in der Kapelle von Schloss Salzdahlum vollzogen werden sollte.

Das zwischen Braunschweig und Wolfenbüttel gelegene Lustschloss Salzdahlum (1813 wegen Baufälligkeit abgerissen) war Ende des 17. Jahrhunderts von Herzog Anton Ulrich in Auftrag gegeben und 1694 eingeweiht worden. Es besaß damals einen wundervollen Barockgarten, der für die Ausrichtung größerer Festlichkeiten geradezu ideal geeignet war. Manche bezeichneten Salzdahlum auch mit liebevollem Spott als das »Versailles der Welfen«.

Elisabeth Christines Großvater wusste nur zu gut, welches politische Gewicht die Hochzeit seiner Enkelin mit dem Kronprinzen besaß. Er scheute daher weder Kosten noch Mühe, um die preußische Königsfamilie zu beeindrucken und das Fest zu einem unvergesslichen Erlebnis werden zu lassen. Er orderte teure Speisen und edle Getränke, stellte sein kostbarstes Mobiliar und Porzellan zur Verfügung. Zuvor hatte der Herzog sogar das ganze Schloss aufwändig renovieren lassen, sodass es jetzt in neuem Glanz erstrahlte.

Der Preußenkönig, der die Bevern-Prinzessin schon längst ins Herz geschlossen hatte, wollte ihr noch vor der Hochzeit eine Freude machen. Am 10. Juni 1733 ließ er ihr ein kleines Präsent – leider weiß man nicht welches – mit folgendem Begleitschreiben zukommen: »Indem wir meine teure Prinzessin erwarten, werden wir Sorge tragen, dass Sie Ursache haben werden, mit uns allen zufrieden zu sein. Nehmen Sie dieses kleine Geschenk als kleines Andenken für meine teure, teure Prinzessin, welche ich schätze und welche in meiner Familie zu haben ich mich glücklich preise. Ich bin überzeugt, dass mein Sohn sich würdig zeigen werde, Ihr Herz mit dem seinen zu teilen, weil ich Sie versichern kann, dass ich mit seiner Führung vollkommen zufrieden bin. Ihr teurer Vater Friedrich Wilhelm.«

Während der König wohl noch daran glaubte, dass sein Sohn mit Elisabeth Christine glücklich werden würde, hatten selbst die »Ehestifter« Grumbkow und Seckendorff längst erkennen müssen, dass es wohl keinerlei Chancen für ein harmonisches Miteinander gab. Der Kronprinz hatte keineswegs vor, sein Herz mit Elisabeth Christine zu teilen, er erfüllte nur ein Versprechen, das er seinem Vater gegeben hatte. Am 12. Juni 1733 abends um 8 Uhr trat das Brautpaar vor den Traualtar und wurde unter Glockengeläut und Kanonendonner zu Mann und Frau erklärt.

Es folgten die üblichen Feierlichkeiten, die sich traditionell über mehrere Tage hinzogen und mit opulenten Opern- und Theateraufführungen zu Ende gingen. Die Gäste labten sich an den kulinarischen Köstlichkeiten, die reichlich aufgefahren wurden: Wildbret,

Nach ihrer Hochzeit, die auf Schloss Salzdahlum mit aller Pracht gefeiert worden war, musste Elisabeth Christine vom Elternhaus Abschied nehmen. Sie kam nie wieder in ihre Heimat zurück. – Brautbild (Miniatur).

Kapaun und Kalbfleisch, Hummer, Krebse, Forellen, Lachse und Schollen. Sämtliche Speisen wurden auf vergoldeten Tellern serviert! Alles in allem hatte die Hochzeit 35.000 Taler gekostet. Dagegen fiel Elisabeth Christines Aussteuer mit 25.000 Talern eher bescheiden aus. (Zum Vergleich: Damals betrug der Jahreslohn eines Kutschers rund 15 Taler, während sich ein Kindermädchen mit sechs Talern begnügen musste.)

Über die Hochzeitsnacht des Kronprinzenpaares hüllen sich die Chronisten verständlicherweise in Schweigen. Viel gab es wohl auch nicht zu berichten, denn Friedrichs Interesse galt offensichtlich weniger seiner jungen Ehefrau als vielmehr seiner Schwester Wilhelmine, die sich zu diesem Zeitpunkt gerade in Potsdam aufhielt. Auf jeden Fall schrieb ihr Friedrich noch um Mitternacht einige Zeilen mit den neuesten Informationen: »Salzdahlum um 12 Uhr, 12. Juni 1733. Soeben ist die ganze Zeremonie vorüber. Gott sei gelobt, dass sie überstanden ist.« Die Feierlichkeiten zogen sich noch bis zum 16. Juni hin. Danach reiste Friedrich mit seinen königlichen Eltern zurück nach Berlin.

»Das Glück, die Frau eines so großen Fürsten zu sein«

Die Kronprinzessin

Ankunft in Berlin

Noch wenige Tage konnte Elisabeth Christine in ihrer gewohnten Umgebung zu Hause verbringen, dann musste sie dem kleinen Wolfenbüttel für immer Lebewohl sagen. Künftig würde die Kronprinzessin in der preußischen Residenzstadt an der Spree leben müssen. Elisabeth Christine war nur glücklich, dass sie die Reise nach Berlin nicht alleine antreten musste, sondern von ihren Eltern begleitet wurde. Schließlich war für den 2. Juli 1733 eine weitere Hochzeit vorgesehen. Dann nämlich sollte Friedrichs Schwester Charlotte den ältesten Bruder von Elisabeth Christine heiraten, Karl von Braunschweig-Wolfenbüttel.

Kronprinz Friedrich empfing seine junge Frau in Potsdam, um dann gemeinsam mit ihr in Berlin einzuziehen, wo Elisabeth Christine am 26. Juni 1733 von der Bevölkerung jubelnd empfangen wurde.

Die Hauptstadt Preußens, seit 1488 zunächst Residenz der Markgrafen von Brandenburg, später der Kurfürsten und Könige, hatte zu Beginn des 18. Jahrhunderts allmählich die Gestalt einer recht schmucken Barockstadt angenommen, auch wenn es jenseits der Prachtallee Unter den Linden noch immer ziemlich schäbig aussah. Die anderen Straßen waren nämlich, wenn überhaupt, so schlecht gepflastert, dass Fußgänger bei Dunkelheit Gefahr liefen, zu stürzen und sich die Knochen zu brechen. Auch die hygienischen Zustände ließen zu wünschen übrig. Oftmals lagen Müll, Schutt und Tierkadaver einfach vor der Haustür und verbreiteten einen Ekel erregenden Gestank. Der Versuch, 1735 so etwas wie eine Müllabfuhr einzuführen, brachte keine wesentlichen Verbesserungen.

Damals aber entstanden das Zeughaus und die Erweiterungsbauten des Stadtschlosses. Der alte Prachtbau, der im Dreißigjährigen Krieg (1618–1648) ziemlich in Mitleidenschaft gezogen worden war, wurde unter Friedrich I. von dem berühmten Architekten Andreas Schlüter aufwändig umgebaut. Auf Schlüter folgte Eosander von Göthe, der den Umfang des Schlosses mit seinen Erweiterungsbauten verdoppelte. Er konnte sein Werk jedoch nicht mehr vollenden, denn als sein königlicher Auftraggeber 1713 starb, wurde der teure Baumeister von dessen Sohn und Nachfolger Friedrich Wilhelm I. umgehend entlassen. Zwei Jahre später war das Berliner Schloss zwar trotzdem fertig, allerdings unter weitgehendem Verzicht auf eine prunkvolle Innenausstattung. Das galt natürlich nicht für die Räume, die der königlichen Repräsentation dienten. Außerdem erfolgte 1728 anlässlich eines Staatsbesuchs des sächsischen Kurfürsten und polnischen Königs Augusts des Starken der Einbau der prächtigen »Polnischen Kammern«.

Am Abend des 26. Juni 1733 gab es im Berliner Stadtschloss ein feierliches Galadiner zu Ehren des frisch vermählten Kronprinzenpaares. Anschließend geleitete die Hofgesellschaft Friedrich und Elisabeth Christine zu ihrem nahe gelegenen neuen Zuhause, dem Palais gegenüber dem Zeughaus, das von nun an das Kronprinzenpalais genannt wurde. An diesem Tag lernte Elisabeth Christine auch Friedrichs »Lieblingsschwester« Wilhelmine kennen, von der sie schon so manches gehört hatte. Wilhelmine hat diese Begegnung natürlich in ihren berühmten Memoiren festgehalten, wobei der Eindruck, den sie von der jungen Braunschweigerin erhielt, nicht der allerbeste gewesen zu sein scheint: »Die Kronprinzessin ist groß, ihre Taille ist nicht schlank, sie streckt den Leib vor, was sie sehr verunziert; sie ist blendend weiß, und dieses Weiß wird durch lebhafteste Farben noch mehr zur Geltung gebracht; ihre Augen sind blassblau und künden nicht viel Geist; ihr Mund ist klein, ihre Züge sind zierlich, ohne schön zu sein, und der ganze Kopf ist so kindlich und reizend, dass man ihn für denjenigen eines 12-jährigen Kindes hielte, ihre blonden Haare fallen in natürlichen Locken, aber all diese Reize sind durch ihre Zähne verdorben, die schwarz sind und unregelmäßig stehen; sie hat weder Manieren noch den geringsten Anstand, und es kostet sie solche Mühe, sich verständlich zu machen und zu reden, dass man erraten muss, was sie sagen will, das ist recht peinlich. Nachdem sie uns alle begrüßt hatte, führte sie der König in die Gemächer der Königin, und da er sah, dass sie sehr echauffiert und ihre Frisur in Unordnung geraten war, befahl er meinem Bruder, sie in ihre eigenen Gemächer zu führen. Ich folgte ihr dorthin. Mein Bruder stellte mich ihr mit den Worten vor: ›Hier ist meine Schwester, die ich über alles liebe und der ich unendlich verpflichtet bin. Sie hatte die Güte, mir zu versprechen, dass sie sich Ihrer annehmen wolle; sie soll Ihnen mehr als der König und die Königin gelten, und Sie dürfen nicht das Geringste unternehmen, ohne vorher ihren Rat eingeholt zu haben, verstehen Sie mich?‹ Ich umarmte die Kronprinzessin und sagte ihr alles erdenklich Liebe, aber sie blieb wie eine Statue ohne ein Wort zu sagen. Da ihre Leute noch nicht gekommen waren, puderte und richtete sie sich selbst wieder zurecht, ohne dass sie sich dafür bedankte, noch auf meine Freundlichkeiten irgendwelche Antworten gab. Mein Bruder wurde zuletzt ganz kribbelig und sagte ganz laut: ›Zum Teufel mit der Gans! Danken Sie doch meiner Schwester!‹ Darauf machte sie eine Verbeugung wie in Molières *Schule der Frauen*. Ich führte sie zurück zur Königin und war recht wenig erbaut von ihrem Geist.«

Nun neigt Wilhelmine in ihren gesamten Memoiren bekanntlich dazu, andere Personen herunterzumachen, um sich selbst in einem besonders glänzenden Licht präsentieren zu können. Es ist auch kaum vorstellbar, dass Friedrich gesagt haben soll, Wilhelmine solle der Kronprinzessin »mehr als König und Königin gelten«. Da ist wohl die eigene Eitelkeit mit der Markgräfin durchgegangen. Und doch lässt sich nicht die ganze Szene als pure Erfindung abtun. Schließlich ist es nicht schwer, sich in die schüchterne Elisabeth Christine hineinzuversetzen. Die sechs Jahre ältere, von Friedrich stets gepriesene, zudem hoch gebildete Wilhelmine jagte der verunsicherten Kronprinzessin schlicht und einfach Angst ein, und diese Angst wird ihr regelrecht die Kehle zugeschnürt haben. Es ist nicht auszuschließen, dass Elisabeth Christine womöglich unter einem Sprachfehler litt, aber außer Wilhelmines vagen Andeutungen gibt es dafür keine weiteren Belege. Wahrscheinlich stotterte Elisabeth Christine ganz einfach aus Verlegenheit, denn wie »freundlich« und »fürsorglich« Wilhelmine tatsächlich zu ihrer Schwägerin gewesen ist, lässt sich nur erahnen. Die Erbprinzessin von Bayreuth stand bekanntlich ganz auf Friedrichs Seite und sah insofern keine Veranlassung, besonders nett zu Elisabeth Christine zu sein. Außerdem herrschte in der preußischen Königsfamilie ohnehin ein ganz anderer Umgangston als daheim in Wolfenbüttel. Man erwartete von einem Gesprächspartner – ganz gleich ob weiblichen oder männlichen Geschlechts –, dass er die sarkastischen Spitzen geschickt und geistreich parierte und nach Möglichkeit noch übertraf. Nur wenn das der Fall gewesen wäre, hätte Elisabeth Christine eine Chance gehabt, sich vor den Hohenzollern-Damen Respekt und Anerkennung zu verschaffen. So aber nahm sie von vornherein die Opferrolle ein – und behielt sie auch in Zukunft bei.

Doch ganz gleich, ob es nun an einem Sprachfehler lag, an ihrer Unsicherheit oder ob sie sich womöglich nur ihrer schlechten Zähne schämte und deshalb so undeutlich sprach – Eloquenz war nicht gerade die Stärke der Kronprinzessin. Ihre Ausbildung in höfischer Konversation – was wir heute wohl eher als *small talk* bezeichnen würden – hat nur spärliche Früchte getragen, was später auch zahlreiche Beobachter bestätigen konnten. Der kapriziösen Kaiserin Elisabeth von Österreich (1839–1890), die ebenfalls eine eher »stumme« Gesprächspartnerin war, ist es später zumindest gelungen, aus der Not eine Tugend zu machen und sich durch ihre Schweigsamkeit mit einer Aura des Geheimnisvollen zu umgeben. Das jedoch war Elisabeth Christine nicht gegeben.

Einsame Jahre im Kronprinzenpalais

Nachdem man am 2. Juli 1733 im Weißen Saal des Berliner Schlosses die Hochzeit von Charlotte und Karl gefeiert hatte, musste Elisabeth Christine endgültig von ihren Eltern Abschied nehmen. Auch das Brautpaar reiste unverzüglich zurück nach Wolfenbüttel. Jetzt war die Kronprinzessin mehr oder weniger auf sich allein gestellt und blickte wohl mit gemischten Gefühlen in die Zukunft. Durch die demonstrative Ablehnung der Königin und Wilhelmines »freundlichen« Auftritt hatte sie bereits einen Vorgeschmack dessen erhalten, was sie künftig in Berlin erwarten würde. Sogar auf Friedrichs Gesellschaft musste sie verzichten, denn der Kronprinz ging wie geplant zurück zu seiner Garnison ins hundert Kilometer entfernte Ruppin und besuchte seine junge Gemahlin nur hin und wieder.

So beschäftigt wie der Kronprinz war Elisabeth Christine nicht. Viel ist über die erste Zeit an der Spree leider nicht bekannt, auch nicht über ihr Verhältnis zu Friedrich, das sich aber wohl eher kühl und distanziert gestaltete. Von »Flitterwochen« konnte überhaupt keine Rede sein. Es ging der Kronprinzessin damals gar nicht gut, sie fühlte sich einsam, vermisste ihre eigene Familie, hatte große Probleme, in Berlin Fuß zu fassen, und wurde sogar häufiger krank, vielleicht vor lauter Kummer. Meist saß sie allein im Palais Unter den Linden, las und schrieb Briefe oder unterhielt sich mit ihren Damen beim Kartenspiel. Das Glücksspiel *Pharo* war damals das beliebteste und am meisten verbreitete Kartenspiel in ganz Europa. Auch Königin Sophie Dorothea spielte es auf Schloss Monbijou regelmäßig in der Hoffnung, mit einem satten Geldgewinn ihre hohen Schulden verringern zu können. Friedrich Wilhelm durfte davon jedoch nichts erfahren. Deshalb hatte sein »Fiekchen« neben dem Geld immer ein paar Kaffeebohnen auf dem Tisch liegen, und wenn der Gemahl unerwartet ihre Gemächer betrat, ließ sie die Taler blitzschnell verschwinden und behauptete, sie spiele nur um des Vergnügens Willen – eben mit Kaffeebohnen. Ob sich Elisabeth Christine ebenfalls in Spielschulden gestürzt hat, ist nicht bekannt.

Kleine Lichtblicke im Leben der Kronprinzessin waren die Briefe von Zuhause. Gerade vom Vater erhielt sie viel seelische Unterstützung, aber auch immer wieder gute Ratschlägen, so am 30. September 1733: »Die reizende Haltung, die Sie seit Ihrer Vermählung diesem geliebten Gemahl gegenüber eingenommen haben, möge Ihnen die Richtschnur geben, um Ihren Einfluss zu befestigen, das heißt, sich immer nur so weit in seine Angelegenheiten zu mischen, als er es selbst wünscht, aller Welt sich zu verpflichten, aber nie sich einer Partei anzuschließen und diese einer anderen

Als Elisabeth Christine 1733 nach Berlin kam, war das Kronprinzen-palais Unter den Linden ihr erstes Zuhause. – Im Bild das Palais vor dem Umbau 1856.

vorzuziehen, denn die großen Höfe sind immer den Parteien unterworfen.« Nichts lag Elisabeth Christine ferner, als sich in Friedrichs »Angelegenheiten zu mischen«. An Politik hatte sie nicht das geringste Interesse und das Machtgefüge am Hohenzollernhof war ihr ohnehin noch vollkommen fremd.

König Friedrich Wilhelm I. hatte hingegen nur den einzigen Wunsch, dass ihm die geliebte Schwiegertochter möglichst bald einen Enkel schenken sollte, einen gesunden Thronfolger. Doch auch wenn der Kronprinz regelmäßig in Berlin zu Besuch war, so wurde Elisabeth Christine einfach nicht schwanger. Man hat viel darüber gerätselt, ob die Ehe überhaupt vollzogen wurde. Es kursieren allerlei Gerüchte über Friedrich den Großen, die von homosexuellen Vorlieben bis hin zu einer Geschlechtskrankheit reichen, die sich der Kronprinz bei einem Besuch am Dresdner Hof Augusts des Starken zugezogen haben soll. Nach einer misslungenen Operation durch stümperhafte Ärzte sei er angeblich zeugungsunfähig gewesen. Wirklich bewiesen ist nichts. Es gibt kein Dokument über eine medizinische Diagnose, die das bestätigen könnte. Doch nach Aussage seines medizinischen Beraters Georg Ritter von Zimmermann, des damals bekannten Hofarztes von König Georg III., hat sich Friedrich kurz vor seiner Hochzeit bei einer seiner Gespielinnen eine Geschlechtskrankheit zugezogen. Zimmermann beobachtete an seinem Patienten jedenfalls einen »äußerst heftigen venerischen Samenfluss«, also vermutlich einen eitrigen Ausfluss aus der Harnröhre, ein typisches Symptom bei Gonorrhoe. Offenbar war die ärztliche Behandlung zunächst erfolgreich, bis etwa nach einem halben Jahr Beschwerden von weitaus größerer Heftigkeit auftraten. Zimmermann vermutete, es habe eine akute Wundbrandgefahr bestanden, sodass man glaubte, das Leben des Kronprinzen nur noch mit dem Skalpell retten zu können. Ein chirurgischer Eingriff liegt also durchaus im Bereich des Möglichen. Unklar ist jedoch, ob diese Operation tatsächlich »stümperhaft« durchgeführt wurde. Zimmermann diagnostizierte bei seinem Patienten lediglich eine »eingebildete Eunuchheit«. Vielleicht hat Friedrich ja geglaubt, die Ärzte hätten ihn kastriert, auch wenn die Hoden bei dem Eingriff gar nicht in Mitleidleidenschaft gezogen wurden. Dann wäre die Impotenz wohl eher psychosomatisch bedingt gewesen. Aber das sind alles Spekulationen.

Zunächst muss man davon ausgehen, dass Friedrich durchaus das Bett mit Elisabeth Christine geteilt hat, wenn auch nur eher widerwillig. Wäre die Kronprinzessin tatsächlich schwanger geworden, so wäre das ja für ihn nur von Vorteil gewesen. Er brauchte einen Thronerben, was schließlich der eigentliche und einzige Sinn dieser Ehe war. Mit der Geburt eines gesunden Sohnes hätte Friedrich auch gegenüber seinem Vater wieder selbstbewusster auftreten können. Andererseits ließ er sich von niemandem unter Druck setzen und antwortete auf einen entsprechenden Brief, den Grumbkow im Auftrag des Königs geschrieben hatte, mit beißendem Sarkasmus: »Ich bin Ihnen sehr verpflichtet für die Wünsche, die Sie mir für meine Fortpflanzung aussprechen, und wenn ich dieselbe Bestimmung habe wie die Hirsche – die gegenwärtig in der Brunstzeit sind –, so könnte jetzt in neun Monaten geschehen, was Sie mir wünschen. Ich weiß nicht, ob es ein Glück oder Unglück für unsere Neffen und Großneffen sein würde; die Königreiche finden immer einen Nachfolger, und es ist ganz ohne Beispiel, dass ein Thron leer geblieben ist.«

Und so warteten alle auch weiterhin vergeblich, dass sich bei der Kronprinzessin eindeutige Zeichen einer Schwangerschaft zeigten. Für den König stand deshalb außer Frage, dass das Kronprinzenpaar auf keinen Fall länger getrennt leben durfte, sondern dringend ein »gemeinsames Nest« benötigte, möglichst ganz in der Nähe von Friedrichs Garnisonsstützpunkt Ruppin.

Trauer um Großvater und Vater

Schon 1734 hatte Friedrich Wilhelm I. das idyllisch gelegene Schloss Rheinsberg am Grienericksee erworben, eine ehemalige Wasserburg, die später im Stil der Renaissance umgebaut worden war. Das Schloss lag nur rund 15 Kilometer von Ruppin entfernt, befand sich aber in keinem bewohnbaren Zustand, sodass erst aufwändige Umbau- und Sanierungsmaßnahmen nötig waren, bevor das Kronprinzenpaar hier einziehen konnte.

Elisabeth Christine lebte daher auch weiterhin in Berlin. Große Sorge bereitete ihr der Gesundheitszustand ihres königlichen Schwiegervaters, der sich im Herbst 1734 dramatisch verschlechterte. Friedrich Wilhelm I. war in der ganzen Hohenzollernfamilie auch weiterhin der einzige, der Elisabeth Christine wirklich gerne hatte, während Königin Sophie Dorothea noch immer auf Distanz zu ihr ging. Doch nun schien der Preußenkönig auf der Schwelle des Todes zu stehen. Am 2. November 1734 schrieb Friedrich in erschreckend nüchternem Ton an seine Schwester Wilhelmine: »Sein Zustand ist sehr schlimm, denn seit 14 Tagen läuft ihm eine unglaubliche Menge Wasser aus dem linken Bein, bis zu zwei Maß täglich, ohne dass der Körper wesentlich abschwillt. Auf der linken Wade hat sich eine brandige Geschwulst gebildet, die in ein bis zwei Tagen aufgehen wird. Je nachdem, was herauskommt, wird man auf den Tod des Königs schließen. Sieht es übel aus, so wird er noch diese Woche sterben; wo nicht, hat er noch drei Wochen zu leben. Aber mag da kommen, was will, sein Zustand ist nach wie vor verzweifelt, und er wird dieses Jahr nicht überleben.«

Aber der Kronprinz irrte sich. Sein Vater verfügte über einen unbändigen Lebenswillen, zumal er noch nicht bereit war, die Macht über das Königreich Preußen in die Hände seines 22-jährigen Sohnes zu legen. Und so geschah, was kein Mensch für möglich gehalten hätte: Friedrich Wilhelm I. erholte sich wieder so gut, dass der Kronprinz schon am 10. Januar 1735 in seinem Brief an Wilhelmine die Vermutung äußerte: »Ich bin sicher, in zwei Wochen kann er wieder reiten.«

Elisabeth Christine wird ein Stein vom Herzen gefallen sein. Doch während sich der König eindeutig auf dem Weg der Besserung befand, starb ihr Großvater, Herzog Ludwig Rudolf von Braunschweig-Wolfenbüttel, am 1. März 1735 im Alter von 63 Jahren. In seiner vergleichsweise kurzen Regierungszeit war es ihm gelungen, den gewaltigen Schuldenberg, den ihm sein Bruder und Vorgänger hinterlassen hatte, erheblich zu reduzieren. Da Ludwig Rudolf nur vier Töchter und keine männlichen Erben hatte, bestieg jetzt sein 55-jähriger Schwiegersohn Ferdinand Albrecht II. von Braunschweig-Bevern den Fürstenthron in Wolfenbüttel. Damit verschwand die Bevernsche Nebenlinie aus der Geschichte.

Doch allzu viel konnte der neue Herzog nicht mehr bewirken. Nach einem halben Jahr ereilte der Tod auch ihn völlig unverhofft am 3. September 1735 während eines Aufenthalts auf Schloss Salzdahlum. Jetzt musste Elisabeth Christines erst 22-jähriger Bruder als Karl I. die Geschicke des Landes in seine Hände nehmen. Der plötzliche Tod des geliebten Vaters war ein großer Schock für die Kronprinzessin: »Wir haben einen guten Vater verloren, der uns sehr geliebt hat – ich habe in ihm den besten Freund verloren, den ich auf der Welt besaß«, schrieb sie an ihren Bruder Karl. Seit ihrer Hochzeit hatte sie den Vater nicht mehr wiedergesehen und konnte nun noch nicht einmal zu seiner Beisetzung nach Braunschweig kommen, wo der Welfenherzog in der Fürstengruft des Domes seine letzte Ruhe fand. Eine solche Reise mit ihrem ganzen Gefolge, ihren Hofdamen und Kammerfrauen, wäre viel zu kostspielig geworden.

Es wird Elisabeth Christine vielleicht etwas getröstet haben, wenigstens den Kronprinzen an ihrer Seite zu haben, der am 9. September 1735 in Berlin eintraf. Nachdem Friedrich die Todesbotschaft in Ruppin empfangen hatte, hatte er gleich seinem Vater geschrieben: »Eben erhalte ich die traurige Nachricht, dass mein Schwiegervater, der Herzog von Braunschweig, gestorben ist. Ich habe gedacht, ich müsste den Tod vor Schrecken haben, da man nicht gewusst hat, dass er krank wäre. Ich glaube, meine Frau wird sehr betrübt darüber sein, so wolle ich meinen allergnädigsten Vater bitten, ob er mir erlauben wolle, dass ich nach Berlin dürfe, um sie zu trösten.« Tatsächlich ist aber kaum anzunehmen, dass Friedrich ernsthaft vorhatte, Elisabeth Christine zu »trösten«. Vermutlich diente dieser Brief eher dazu, sich beim König einzuschmeicheln und genau das zu tun, was der in dieser Situation von ihm erwartete.

Am 8. November 1735 feierte die Kronprinzessin ihren 20. Geburtstag. Nun lebte sie schon mehr als zwei Jahre in Berlin, doch noch immer fühlte sie sich an der Spree einsam und fremd. Das Schlimmste aber war, dass trotzdem alle Augen auf sie gerichtet waren. Schließlich wartete ganz Preußen ungeduldig darauf, dass sie endlich schwanger wurde. Diesen Wunsch drückte auch der König unmissverständlich in seinem Glückwunschschreiben aus: »Madame, da heute Ihr Geburtstag ist, beglückwünsche ich Sie von Herzen und wünsche Ihnen ein langes Leben und in einigen Monaten einen dicken wackeren Jungen. Ich sende Ihnen eine Kleinigkeit als Geschenk [was dies war, ist leider nicht überliefert]; sehen Sie darin ein Zeichen meiner Freundschaft. Ich verbleibe Ihr treuer Vater Friedrich Wilhelm.«

Leben auf Schloss Rheinsberg

Doch es gab wenigstens einen Hoffnungsschimmer. Die Umbauarbeiten auf Schloss Rheinsberg gingen allmählich dem Ende entgegen. Unter der fachkundigen Leitung des königlichen Baumeisters Georg Wenzeslaus von Knobelsdorff (1699–1753) war aus dem veralteten und maroden Gebäude ein wundervolles Schloss im

Rokokostil geworden. Am 20. August 1736 konnte das Kronprinzenpaar endlich in den Südflügel einziehen. Der junge Schriftsteller Jakob Friedrich von Bielfeld (1717–1770), der 1739 eine Zeitlang Gast des Kronprinzen war, hat uns eine schwärmerische Schilderung der Rheinsberger Idylle hinterlassen: »Ein großer See umspielt die Mauern des schön gelegenen Schlosses. Jenseits des Schlosses zieht sich amphitheatralisch ein schöner Wald von Eichen und Buchen hin. Das Hauptgebäude wurde durch Bogenfenster, Statuen und allerhand Verzierungen verschönert.«

Auch Elisabeth Christine war von ihrem neuen Zuhause hellauf begeistert. Die Innenausstattung des Schlosses war ebenfalls im modischen Rokokostil gehalten, alles war licht und hell, strahlte Eleganz und Lebensfreude aus. Bielfeld notierte: »Das Innere des Schlosses ist höchst prächtig und geschmackvoll. Überall sieht man vergoldete Bildhauerarbeit, doch ohne Überladung, vereint mit richtigem Urteil. Der Prinz liebt bloß bescheidene Farben, deshalb sind Möbel und Vorhänge hellviolett, himmelblau, hellgrün und fleischfarben, mit Silber eingefasst. Überall sind Baumgruppen, Lauben und schattige Sitze. Zwei Lustschiffe, die der Prinz erbauen ließ, schwimmen auf dem See und bringen den Wanderer, der die Wasserfahrt liebt, an das Waldufer.«

Kronprinz Friedrich fand in Rheinsberg endlich das Ambiente, von dem er immer geträumt hatte: »Ich bin glücklich, diese Stätte zu besitzen, wo man nur Ruhe kennt, die Blumen des Lebens pflückt und die kurze Zeit genießt, die uns auf Erden geschenkt ist.« Es war tatsächlich eine unbeschwerte Zeit, die das Kronprinzenpaar hier verbrachte. Schloss Rheinsberg wurde zum Anziehungspunkt zahlreicher Besucher, meist Künstler und Intellektueller, die ohne höfisches Korsett frei ihren eigenen Interessen nachgehen konnten. Auch davon berichtet unser Gewährsmann Bielfeld: »Alle, die auf dem Schlosse wohnen, genießen die ungezwungenste Freiheit. Sie sehen den Kronprinzen und dessen Gemahlin nur bei der Tafel, beim Spiel, auf dem Ball, beim Konzert oder bei anderen Festen, an denen sie teilnehmen können. Jeder denkt, liest, zeichnet, schreibt, spielt ein Instrument, ergötzt und beschäftigt sich in seinem Zimmer bis zur Tafel. Dann kleidet man

Schloss Rheinsberg war ein Geschenk des Preußenkönigs an das junge Kronprinzenpaar. Hier verlebten Friedrich und Elisabeth Christine ihre schönsten Jahre. – Lithografie, vor 1857.

sich sauber, doch ohne Pracht und Verschwendung an und begibt sich in den Speisesaal. Alle Beschäftigungen und Vergnügungen des Kronprinzen verraten den Mann von Geist. Sein Gespräch bei der Tafel ist unvergleichlich. Er duldet den Widerspruch und versteht die Kunst, die guten Einfälle anderer zutage zu fördern. Die Bibliothek des Prinzen ist allerliebst; sie ist in einem Turme aufgestellt und hat die Aussicht auf den See und Garten. Sie enthält eine wohl gewählte Sammlung der besten französischen Bücher.«

Es hat den Anschein, als habe sich die entspannte Atmosphäre auch auf die Beziehung des Kronprinzenpaars günstig ausgewirkt. Elisabeth Christine bemühte sich nach Kräften, ihrem Gemahl eine wirkliche Lebenspartnerin zu werden. Das hat Friedrich wohl auch anerkennend registriert, denn er schrieb schon im Juli 1736 an Graf Seckendorff: »Ich war niemals in sie verliebt, aber ich müsste der niedrigste Mensch sein, wenn ich sie nicht aufrichtig schätzen wollte, denn erstens hat sie ein sehr sanftes Gemüt, ist sie zweitens so gelehrig, wie man es nicht mehr wünschen kann und drittens gefällig bis zum Übermaß und tut, was sie mir nur an den Augen ablesen kann, um mir eine Freude zu machen.«

So war es tatsächlich: Elisabeth Christine ließ nichts unversucht, Friedrichs Herz doch noch zu gewinnen. Sie nahm Tanzstunden, bemühte sich um eine bessere Haltung, um mehr Grazie und Eleganz, versuchte, ihr Französisch zu perfektionieren, und schickte sich sogar an, intellektuell mit dem Kronprinzen Schritt zu halten. Ihm zuliebe vertiefte sie sich in seine Lieblingslektüre, las die Klassiker des Altertums, Cicero und Marc Aurel: »Ich habe angefangen, die *Annalen* des Tacitus zu lesen«, schrieb sie an die Hofdame Frau von Kameke, »sie sind entzückend und man erkennt daraus den Geist der Großen und derer, die bei ihnen in Gunst stehen. Dieses Buch unterhält mich sehr, und ich mache mir tausend Gedanken darüber beim Lesen …«

»Der Phönix unserer Zeit«

Auch wenn Elisabeth Christine ihren Gemahl mit zahlreichen Gästen teilen musste und Friedrich nach wie vor allerlei militärische und staatspolitische Verpflichtungen hatte, so kam das Paar in Rheinsberg doch zumindest regelmäßig zusammen. Erst hier lernte die Kronprinzessin den Mann richtig kennen, mit dem sie vor mehr als drei Jahren verheiratet worden war. Sie hatte ihn von Anfang an geliebt, doch jetzt kamen noch Bewunderung und Verehrung hinzu. Elisabeth Christine war fasziniert von Friedrichs umfassendem Wissen, sie bewunderte sein musikalisches Talent, seine philosophischen Ideen, seine intellektuelle Brillanz – einfach alles an ihm. In Rheinsberg wurde Friedrich zum Dreh- und Angelpunkt ihres ganzen Lebens: »Unser Herr hier ist allen voran, ich habe niemals jemanden gesehen, der so fleißig ist wie er«, schrieb sie am 3. Oktober 1736 an ihre Großmutter, die Herzogin-Witwe Christiane Luise von Braunschweig-Wolfenbüttel. »Früh von sechs Uhr bis ein Uhr beschäftigt er sich mit philosophischen und anderen schönen Studien; von halb zwei bis drei dinieren wir, dann trinken wir den Kaffee und bleiben dabei bis vier Uhr zusammen, dann liest und studiert er wieder bis sieben Uhr abends, wonach bis neun Uhr Musik gemacht wird. Dann wird gespielt; das Souper ist um halb elf oder elf Uhr. So geht die Zeit rasch dahin, und indem er sie auf diese Weise anwendet, kann man in Wahrheit sagen, dass er der größte Fürst seiner Zeit ist, er ist weise, er ist so geistvoll, wie man es nicht genug ausdrücken kann, er ist gerecht, er will keinem Menschen etwas Böses, er ist großmütig, gut gelaunt, er liebt keine Ausschweifungen, weder beim Wein noch sonst wie und besitzt so viel Herzensgüte.« Elisabeth Christine schwärmte weiter: »Ich möchte sagen, dass er der Phönix unserer Zeit sein wird, und dass ich ganz stolz darauf bin, das Glück zu haben, die Frau eines so großen Fürsten zu sein, der jede gute Eigenschaft besitzt. Man muss ihn lieben, wenn man ihn kennt.« An Elisabeth Christines Einstellung hat sich auch künftig nichts mehr geändert, ganz gleich, wie abfällig sie Friedrich später behandelt hat. Für sie war er schon jetzt »der Große«, dem niemand das Wasser reichen konnte, erst recht nicht sie selbst.

Dabei war die Kronprinzessin selbst kaum weniger emsig, wie sie ihrer Großmutter berichtete: »Ich stehe um sieben Uhr auf und halte meine Andacht ab, dann lese ich. Nach dem Diner und dem Kaffee arbeite ich und lasse mir dabei vorlesen bis sieben, dann nehme ich an dem Kartenspiel teil. Ich kann wohl sagen, dass die Zeit in Blitzesschnelle vergeht und ich weiß nicht, wohin sie gekommen ist. Ich bedaure immer, wenn der Tag zu Ende ist, und doch bleibt man so lange auf und schläft nur so wenig, denn vor zwei Uhr geht man nicht schlafen und um sieben Uhr stehe ich schon wieder auf, aber dabei befinde ich mich vortrefflich.«

Auch König Friedrich Wilhelm I. wird mit Wohlgefallen die Zeilen gelesen haben, die ihm die Kronprinzessin am 23. Oktober 1736 schrieb: »Der Aufenthalt in Rheinsberg ist mir so angenehm, wie es in der Gesellschaft des Liebsten, was ich auf der Welt besitze, nur sein kann, und wie könnte ich mich in der Gesellschaft dessen langweilen, den ich am meisten liebe, nämlich den Kronprinzen. Mein größtes Vergnügen sind die Spaziergänge, wenn das

Wetter schön ist, oder die Wasserfahrten oder zu Wagen. Dann unterhalte ich mich mit Arbeit, mit der ich mich den ganzen Tag beschäftige.« Unter »Arbeit« verstand Elisabeth Christine vor allem ihre umfangreiche Korrespondenz mit der Familie, aber ebenso Lektüre und Malerei. Auf Rheinsberg hatte sie nämlich wieder Lust bekommen, ein wenig zu malen. Häufiger Gast am Grienericksee war der Berliner Hofmaler Antoine Pesne, der bereits Porträts mehrerer Mitglieder der preußischen Königsfamilie angefertigt hatte, darunter auch ein sehr schmeichelhaftes von Elisabeth Christine selbst (s. S. 17). Unter der Anleitung des Künstlers fertigte die Kronprinzessin 1738 ihr Selbstporträt an und versuchte außerdem, den Kronprinzen auf die Leinwand zu bannen. Es scheint, als sei die schüchterne, ernste und mitunter etwas linkisch wirkende Prinzessin in den Rheinsberger Jahren über sich hinausgewachsen. Hier erhielt sie so viele geistige und künstlerische Anregungen wie nie zuvor in ihrem jungen Leben. Eine Intellektuelle ist sie deshalb zwar nicht geworden, aber Elisabeth Christine hätte allen Anlass gehabt, in Zukunft ein wenig selbstbewusster aufzutreten.

Die »einflussreiche« Kronprinzessin

Der Aufenthalt in Rheinsberg tat Elisabeth Christine ausgesprochen gut: »Die Kronprinzessin wird hübsch, anschmiegsam, wird einflussreich«, notierte Graf Seckendorff. Trotzdem darf man das Wort »einflussreich« nicht überbewerten, denn es war nur in einem ganz bestimmten Zusammenhang gemeint. Zwar hatte sich das Verhältnis des Kronprinzen zu seinem Vater in der Zwischenzeit spürbar entspannt, aber Friedrich konnte nie ganz sicher sein, ob nicht doch wieder ein königliches »Donnerwetter« über ihn hereinbrechen würde. Um sich das väterliche Wohlwollen zu bewahren, hielt er es für ratsam, den König in dem Glauben zu lassen, die Ehe mit Elisabeth Christine gestalte sich harmonisch – selbst wenn man noch immer vergeblich auf einen »dicken wackeren Jungen« wartete. Darüber hinaus sah er in seiner Gemahlin die ideale Vermittlerin für den Fall, dass der strenge Vater wieder einmal Grund zum Klagen hatte. Dann musste die Kronprinzessin offenbar gleich zur Feder greifen, so wie am 28. August 1739, als sie dem König schrieb: »Nichts könnte mich mehr beglücken als die Nachricht der Gnade, die Eure Majestät diesem würdigen Sohn beweist, er verdient sie durch die Gefühle, die ich an ihm kenne und die er für so einen gnädigen Vater hegt, wie Sie es sind, und bitte Eure Majestät demütigst, ihm die Gerechtigkeit widerfahren zu lassen, die er verdient …«

Wenn Elisabeth Christine tat, was der Kronprinz wollte – und natürlich tat sie es –, zeigte er sich zufrieden mit ihr. Deshalb glaubte sie auch, sie würde ihrem Gemahl langsam näher kommen und merkte gar nicht, dass sie nur benutzt wurde. Tatsächlich nämlich spielte Friedrich allen etwas vor. Der Grund lag auf der Hand: Sollten unter den zahlreichen Besuchern, die nach wie vor nach Rheinsberg kamen, möglicherweise »Spione« des Königs sein, dann würden sie später nichts Nachteiliges über ihn und das Verhältnis zu seiner Gemahlin berichten können. Die Wirklichkeit sah anders aus. Friedrich hat die Anwesenheit von Elisabeth Christine und ihren Hofdamen nur notgedrungen toleriert. Was blieb ihm anderes übrig? Er ließ sie an den abendlichen Konversationen, den Bootspartien und anderen gesellschaftlichen Ereignissen teilnehmen, um den Schein zu wahren. In Rheinsberg hatte er so viel Abwechslung, dass Elisabeth Christine nicht weiter störte, aber er hätte auch genauso gut auf ihre Anwesenheit verzichten können. Ob die Kronprinzessin das insgeheim gespürt hat?

Die Hoffnung, vielleicht doch noch ein Kind zu bekommen, hat sich im idyllischen Rheinsberg ebenso wenig erfüllt – aus welchen Gründen auch immer. Elisabeth Christines Bruder Karl und seine preußische Gemahlin Charlotte, die nur wenige Tage später geheiratet hatten als sie selbst, freuten sich bereits über die Geburt ihres vierten Kindes. Am 24. Oktober 1739 kam ihre Tochter Anna Amalia zur Welt, die spätere Begründerin des Weimarer »Musenhofs«. Die Kronprinzessin gratulierte dem Bruder von ganzem Herzen, schrieb in dem Brief aber auch von ihren eigenen heimlichen Ängsten. Was würde geschehen, wenn der Preußenkönig, der von Anfang an schützend die Hand über sie hielt, seine Augen für immer schloss? War womöglich zu befürchten, dass sich Friedrich dann von ihr trennte, um eine andere zu heiraten? Kinderlosigkeit war nun einmal ein hervorragender Scheidungsgrund, denn die Ursache vermutete man in der Regel bei den Frauen.

Elisabeth Christines Befürchtungen kamen nicht von ungefähr, denn der Gesundheitszustand Friedrich Wilhelms I. gab wieder einmal Anlass zu den schlimmsten Befürchtungen: »Der König befindet sich durchaus nicht wohl und ich weiß nicht, wie das für uns werden soll«, schrieb die Kronprinzessin an ihren Bruder Karl. »Um offen zu sein: Ich fürchte sehr um ihn und wünsche von ganzem Herzen, dass er noch lange leben möchte, denn ich bin jetzt zufrieden mit meinem Los, und eine Zukunft voll Behagen und Zufriedenheit sind mehr wert; ich besitze nichts von dem tollen Ehrgeiz, der immer mehr verlangt. Wie es jetzt ist, gibt mir Zuversicht, und ich bin tausendmal glücklicher als Kronprinzessin, denn dann werden tausend Dinge dazwischentreten, die zur Zufriedenheit nicht beitragen. Das bleibt aber zwischen uns, wie ich hoffe, ich spreche zu Ihnen vertraulich als zu einem Bruder, den ich vom Herzen liebe und von dem ich überzeugt bin, dass er mich nie verraten wird.«

Vielleicht meinte Elisabeth Christine mit den »tausend Dingen« tatsächlich nur die lästigen Repräsentationspflichten, die als Königin von Preußen auf sie zukommen würden. Wahrscheinlich aber ahnte sie bereits, dass sich ihr Verhältnis zu Friedrich nach dem Tod seines Vaters spürbar verschlechtern würde. Als König wäre er schließlich sein »eigener Herr« und bräuchte niemandem mehr etwas vorzumachen.

Unter Druck

Während Elisabeth Christine inständig hoffte, der Preußenkönig möge noch lange leben, schien es Friedrich gar nicht schnell genug zu gehen, selbst den Thron zu besteigen. Auch wenn er sich in den Rheinsberger Jahren so begeistert mit Literatur, Musik und Philosophie beschäftigte, so lag ihm doch noch mehr daran, möglichst bald an den Schalthebeln der Macht zu sitzen. Dass ihn der königliche Vater kaum in politischen Entscheidungen mit einbezog oder auch nur nach seiner Meinung fragte, verärgerte ihn. Vor allem hatte er den Eindruck, der Preußenkönig würde gegenüber dem Kaiser viel zu wenig selbstbewusst auftreten. Erbittert schrieb Friedrich 1739 an Grumbkow: »Kaltblütig schaue ich von meiner Zurückgezogenheit auf das, was in der Welt vorgeht … Das Jahrhundert, in dem wir leben, ist – unglücklicherweise für uns – mehr berühmt durch Verhandlungen als durch kriegerische Taten. Wir sind militärisch in guter Lage, aber unsere Verhandlungen haben keinen Nachdruck.«

Das waren höchst überraschende Worte für jenen Mann, den viele Zeitgenossen für einen künftigen »Philosophen auf dem Thron« hielten. Dazu aber wollte das rhetorische Säbelrasseln so ganz und gar nicht passen. Paradoxerweise hatte Friedrich Wilhelm I., der als »Soldatenkönig« in die Geschichte eingegangen ist und damals über die bestgedrillte Armee Europas gebot, keinerlei Interesse an irgendwelchen Eroberungskriegen. Kronprinz Fried rich aber schon. Deshalb plante er bereits jetzt für die Zeit nach dem Thronwechsel und richtete sein Hauptaugenmerk auf die preußische Armee. Auf die »langen Kerls« seines Vaters konnte er gut verzichten; was er suchte, das waren fähige Männer für die Kommandoebene.

Zu Friedrichs Wunschkandidaten gehörte auch Elisabeth Christines jüngerer Bruder Ferdinand von Braunschweig-Wolfenbüttel (1721–1792), der eigentlich vorhatte, entsprechend der Familientradition in kaiserliche Dienste zu treten. Hingegen war es der ausdrückliche Wunsch des Kronprinzen, dass der junge Braunschweiger künftig dem König von Preußen dienen und ihm ein Regiment stellen sollte. Natürlich ahnte Friedrich, dass es keineswegs einfach sein würde, Herzog Karl I. auf seine Seite zu ziehen. Schließlich plante der Kronprinz nichts Geringeres, als einen Keil zwischen Braunschweig und Wien zu treiben, zwei ebenfalls verwandtschaftlich verbundene Fürstenhäuser. In dieser Situation besann sich Friedrich wieder einmal auf seine Braunschweiger Gemahlin und nötigte Elisabeth Christine, in seinem Sinne auf ihren herzoglichen Bruder einzuwirken. Die Kronprinzessin befand sich in einer äußerst misslichen Lage, denn eigentlich dachte sie nicht im Traum daran, sich in politische Belange einzumischen, von denen sie auch gar keine Ahnung hatte. Doch was blieb ihr anderes übrig, wenn sie nicht den Zorn ihres Gemahls auf sich ziehen wollte? Also griff sie erneut zur Feder und schrieb etwas umständlich am 2. Februar 1740 an ihren Bruder, Herzog Karl I. von Braunschweig-Wolfenbüttel: »Da Sie mich gebeten haben, Sie davon zu benachrichtigen, wie Sie dem Kronprinzen eine Freude machen können, so teile ich Ihnen mit, dass er wieder mit mir über meinen Bruder Ferdinand gesprochen hat, den er gern hier in den Dienst treten sähe. Für den Fall, dass er hier der Herr sein wird, verspricht er, ihm alle Sorgfalt angedeihen zu lassen. Ich schreibe Ihnen, um Sie auf das Kommende vorzubereiten.«

Herzog Karl I. stellte jedoch unmissverständlich klar, dass er für ein Regiment, wie es Friedrich forderte, überhaupt kein Geld habe. Zum einen sei sein Land noch immer verschuldet, zum anderen müsse er alle Brüder in finanzieller Hinsicht gleich behandeln und könne nicht seiner Schwester zuliebe bei Ferdinand eine Ausnahme machen. Ähnlich argumentierte auch Ferdinand selbst. Elisabeth Christine war ganz verzweifelt und versuchte es am 22. März 1740 ein weiteres Mal: »Der Prinz will ihre Zusage als einen wahren Freundschaftsakt auffassen und Ihnen immer dankbar dafür bleiben und alles, was er kann, für unser Haus tun. Wenn Sie zustimmen, würde auch ich in einer besseren Lage sein, als die, in der ich mich jetzt befinde, und würde alles tun, um meinen Brüdern zu helfen, damit sie Ihnen weniger zur Last fallen.« Es lässt sich unschwer vorstellen, wie sehr Friedrich die arme Elisabeth Christine unter Druck setzte, sodass sie sogar in Erwägung zog, einen Teil der Unkosten aus ihrer Privatschatulle zu bezahlen. Denn genau das bot sie Karl in ihrem Schreiben vom 16. April 1740 an: »Ich würde Ihnen dann mit Geld zu Hilfe kommen, um es einrichten zu können, und Sie müssten auch etwas beisteuern, aber nur sehr wenig; auf diese Art würden alle drei zufrieden gestellt: Der Prinz hätte das Regiment, das er zu haben wünscht, Ferdinand wäre gut bestellt und ich fiele Ihnen nicht so sehr zu Last. Das wäre das Beste, was man tun könnte, aber ich zweifle doch ein wenig, ob es sich wird machen lassen.« Damit behielt Elisabeth Christine Recht. Es wurden noch zahlreiche Briefe zwischen Berlin und Wolfenbüttel gewechselt, ohne dass es zu einer wirklichen Annäherung kam. Zumindest vorerst.

Der König ist tot – Es lebe der König …

Ende Mai 1740 verschlechterte sich der Gesundheitszustand des Königs auf so dramatische Weise, dass es keine Hoffnung mehr gab. In Potsdamer Schloss lag Friedrich Wilhelm I. im Sterben. Weil er inzwischen wusste, dass er einen bestens ausgebildeten Nachfolger haben würde, hatte er schon vor einer Weile gesagt: »Es liegt mir nichts mehr am Leben, da ich meinen Sohn hinterlasse, der alle Fähigkeiten hat, gut zu regieren. Er hat mir versprochen, dass er die Armee beibehalten wird. Er hat Verstand und alles wird gut gehen.« Während der Kronprinz am Sterbebett seines Vaters verweilte, wartete Elisabeth Christine in Rheinsberg ängstlich auf neue Nachrichten. Noch am Morgen des 31. Mai 1740 hatte der König einen letzten Brief an seine geliebte Schwiegertochter diktiert: »Madame, meine Tochter. Ich habe die Ehre gehabt, Ihre letzten Nachrichten zu erhalten und bitte Sie, die Güte zu haben, glauben zu wollen, dass diese Zeugnisse Ihres lieben Gedenkens mich sehr beglückt haben. Ich werde Ihnen immer sehr verpflichtet sein für die liebevolle Teilnahme, die Sie fortwährend für meine gefahrvolle Lebenslage hegen. Wenn Gott Ihre Wünsche nicht erhört, verlieren Sie in mir einen Vater, dem Sie über alles teuer gewesen sind und der in aufrichtigster Freundschaft ist, Madame, meine Tochter, Ihr sehr guter und getreuer Vater.«

Friedrich Wilhelm war nicht mehr in der Lage, diesen Brief zu unterzeichnen. Er starb noch am Nachmittag des gleichen Tages im Alter von 51 Jahren. Der Preußenkönig war kein einfacher Monarch gewesen, launisch, cholerisch und mitunter auch gewalttätig. Aber in den 27 Jahren seiner Regierung hatte Preußen an politischem Ansehen und wirtschaftlichem Wohlstand gewonnen. Friedrich Wilhelm hinterließ seinem Sohn, dem neuen König Friedrich II., eine

König Friedrich Wilhelm I. hatte die Ehe seines ältesten Sohnes mit Elisabeth Christine aus politischen Gründen arrangiert. Und doch war er der Einzige am Berliner Königshof, der die Bevern-Prinzessin wirklich mochte. Als er 1740 starb, verlor sie ihren Beschützer. – Kopie eines Gemäldes von Antoine Pesne. Bayerische Staatsgemäldesammlungen.

wohlgefüllte Staatsschatulle, einen gut funktionierenden Beamtenapparat sowie ein Stehendes Heer von rund 80 000 Mann, die viertstärkste Armee in ganz Europa.

Elisabeth Christine aber hatte den einzigen Menschen am Berliner Königshof verloren, der sie wirklich ins Herz geschlossen hatte. Dass sie jetzt an Friedrichs Seite Königin von Preußen war, bedeutete ihr nicht das Geringste. Sie verspürte nur eine große Angst vor den »tausend Dingen«, die nunmehr auf sie zukommen würden.

Einen Vorgeschmack erhielt sie mit dem ersten Schreiben, das ihr Friedrich II. aus Potsdam schickte: »Madame, Gott hat über den

König an diesem Nachmittag verfügt; er hat Ihrer gedacht und uns aufrichtige Tränen der Teilnahme entlockt. Sie werden nicht glauben, mit welcher Festigkeit er gestorben ist. Sie werden, bitte, Mittwoch oder Donnerstag nach Berlin kommen. Knobelsdorff soll gleich dahin abreisen. Wir werden in unserem alten Hause wohnen. Sobald Sie angekommen sind, werden Sie der Königin Ihre Aufwartung machen und dann nach Charlottenburg fahren, für den Fall dass ich dort sein werde. Ich habe keine Zeit, mehr zu schreiben. Adieu, Federic.«

Als Elisabeth Christine den kühlen Befehlston las, konnte sie sich vielleicht noch mit dem Gedanken trösten, dass Friedrich diese Zeilen in aller Eile geschrieben hatte, sodass ihm tatsächlich keine Zeit für ein paar freundliche und persönliche Worte blieb. Doch schon sein nächster Brief, den er am 1. Juni 1740 von Berlin aus abschickte, muss ihr zweifelsfrei klargemacht haben, was sie künftig erwartete: »Madame. Sobald Sie hier angekommen sind, werden Sie sich sofort zur Königin begeben, um ihr Ihren Respekt zu beweisen, und Sie werden versuchen, darin mehr zu tun als sonst. Dann werden sie noch hier bleiben, wo Ihre Gegenwart erforderlich ist, bis ich Ihnen schreibe. Sie sehen wenige Menschen oder niemanden. Morgen werde ich die Trauer der Damen bestimmen und Ihnen meine Befehle darüber zuschicken. Adieu, ich hoffe, Sie bei guter Gesundheit wiederzusehen, Federic.«

Das bedeutete nichts anderes, als dass Friedrich vorhatte, die Rolle der preußischen »Ersten Dame« auch weiterhin seiner Mutter zu überlassen und Elisabeth Christine demnach zur reinen »Befehlsempfängerin« degradierte. Sie musste sich damit abfinden, dass sie künftig im Hintergrund bleiben und nur noch dann aus dem Schatten heraustreten durfte, wenn die Anwesenheit der »regierenden Königin« aus protokollarischen Gründen zwingend erforderlich war.

Elisabeth Christine nahm die Demütigung, viele Jahre im Hofrang nur an zweiter Stelle zu stehen, tapfer und mit großer Würde hin. Im Grunde war sie froh, überhaupt an »Friedrichs Seite« bleiben zu dürfen. Denn ganz gleich, wie schäbig er sie behandelte, das änderte nichts an der großen Liebe, Verehrung und Bewunderung, die sie für ihren Gemahl empfand.

»Der König hat gewünscht, dass ich hier bleibe ...«

Die Schattenkönigin

Ein Geschenk des Königs: Schloss Schönhausen

Zumindest Elisabeth Christines allergrößte Sorge, Friedrich werde sich nach der Thronbesteigung von ihr trennen und eine andere heiraten, erwies sich als unbegründet. Dabei steht zweifelsfrei fest, dass Königin-Mutter Sophie Dorothea ihren Sohn eindringlich beschworen hat, diese folgenschwere Entscheidung zu treffen, da seine Gemahlin ja ganz offensichtlich unfruchtbar war. Nach siebenjähriger Ehe waren wohl keine Kinder mehr zu erwarten. Doch Friedrich dachte überhaupt nicht daran, sich scheiden zu lassen. Auch wenn er seiner Mutter die ehrenvolle Stellung der preußischen »First Lady« zugestand, so bedeutete das noch lange nicht, dass er sich ihren Ratschlägen fügte – weder in privater noch in politischer Hinsicht. Außerdem wäre er mit einer anderen Frau womöglich nur »vom Regen in die Traufe« gekommen und hätte wohl kaum eine adäquate Partnerin gefunden, die ihm wirklich zusagte. Friedrich II. fühlte sich in einer reinen Männergesellschaft ohnehin am wohlsten; Frauen waren ihm irgendwie wesensfremd, er konnte mit den meisten von ihnen überhaupt nichts anfangen. Das drängende Problem der Thronfolge löste er auf eine andere Weise. Schon 1741 schrieb er seinem jüngeren Bruder August Wilhelm: »Du bist mein alleiniger Erbe« und übertrug ihm damit die Pflicht, nach seiner späteren Hochzeit mit Luise Amalie von Braunschweig-Wolfenbüttel, mit der er seit September 1740 verlobt war, für standesgemäßen Nachwuchs zu sorgen. Die wahren Hintergründe für Friedrichs Entschluss, mit Elisabeth Christine ab jetzt endgültig getrennt von Tisch und Bett zu leben, bleiben Spekulation. Er war zu diesem Zeitpunkt erst 29 Jahre alt.

Die vergleichsweise heiteren Rheinsberger Jahre gehörten endgültig der Vergangenheit an. Jetzt zeigte Friedrich II. sein wahres

Gesicht. Künftig bestand Elisabeth Christines Aufgabe vorwiegend darin, den »Befehlen« ihres königlichen Gemahls Folge zu leisten. Dazu gehörte auch die heikle Angelegenheit mit ihrem Bruder Ferdinand, der sich noch immer nicht entschlossen hatte, in preußische Dienste zu treten. Die Königin schrieb sich die Finger wund, denn Friedrich II. konnte sehr unangenehm werden, wenn seine Wünsche nicht befolgt wurden. Selbst seine »Lieblingsschwester« Wilhelmine bekam häufiger den königlichen Unmut zu spüren, sodass der Kontakt zwischen beiden vorübergehend völlig abbrach. Wie sehr Elisabeth Christine unter Friedrichs Pressionen litt, kann man folgendem Brief entnehmen: »Sie ahnen nicht, was ich zu leiden habe«, klagte sie am 28. Juni 1740 ihrem Bruder Karl, »Gott allein weiß es und kann mir allein helfen.« Aber sie warnte auch den Herzog: »Sie ziehen sich Unannehmlichkeiten zu und machen mich unglücklich.«

Letzten Endes bekam Friedrich II. tatsächlich seinen Willen, und Ferdinand trat in den preußischen Dienst ein. Ob Elisabeth Christine, wie angekündigt, wirklich in ihre Privatschatulle gegriffen hat, um einen Teil der Kosten für das Regiment zu übernehmen, ist unbekannt. Wenn ja, dann hat Friedrich II. auf jeden Fall nichts davon gewusst. Fest steht jedoch, dass der Preußenkönig mit Ferdinand von Braunschweig-Wolfenbüttel einen guten Griff getan hat. Er wurde neben Heinrich, dem Bruder Friedrichs II., schließlich zum bedeutendsten preußischen Feldherrn dieser Zeit.

Noch wohnte Elisabeth Christine zusammen mit Friedrich im Kronprinzenpalais Unter den Linden. Künftig aber würden beide im Berliner Stadtschloss leben, wo man soeben dabei war, getrennte Wohnungen für das Königspaar einzurichten. Doch es war traditionell üblich, dass die preußischen Königinnen nach der Thronbesteigung ihres Gemahls noch ein eigenes Refugium erhielten. Für Sophie Charlotte (1661–1705), die Großmutter Friedrichs II., hatte König Friedrich I. Schloss Lützenburg errichten lassen, das nach dem frühen Tod der Königin in Charlottenburg umbenannt worden war. Königin Sophie Dorothea besaß bekanntlich mit Monbijou ihr eigenes Reich. Jetzt machte Friedrich II. Elisabeth Christine das Schloss Schönhausen im Norden Berlins zum Geschenk. Sie war darüber sehr glücklich, denn sie liebte dieses kleine und vergleichs-

Elisabeth Christines jüngerer Bruder Ferdinand war ihr engster Vertrauter. Ihm hat sie in zahllosen Briefen ihr Herz ausgeschüttet. – Kupferstich. Bayerische Staatsbibliothek.

weise einfache Barockschlösschen, das sich seit 1691 in Besitz der Hohenzollernfamilie befand. Der sparsame Friedrich Wilhelm I. hatte sich freilich kaum um die Anlage gekümmert, sodass sie inzwischen einen reichlich verwahrlosten Eindruck machte. Bevor Elisabeth Christine das Schloss beziehen konnte, waren wie üblich umfangreiche Renovierungsmaßnahmen nötig, die noch längere

Zeit in Anspruch nehmen würden. Trotzdem kam die Königin schon vorher häufig nach Schönhausen und ging durch den weitläufigen Park spazieren, der jetzt dem Zeitgeschmack entsprechend in einen lauschigen Rokokogarten umgewandelt wurde, durch den sich das Flüsschen Panke schlängelte.

Später ist Elisabeth Christines kleines Schloss ebenso in Vergessenheit geraten wie die Königin selbst. Seit Mitte des 19. Jahrhunderts war es nicht mehr bewohnt, ab 1935 wurde es für Ausstellungen genutzt und baulich entsprechend verändert. Zu Zeiten der DDR diente Schloss Schönhausen zunächst als Amtssitz des Präsidenten Wilhelm Pieck, später dann als Gästehaus des Staatsrats. Nach der Wiedervereinigung wurde die ganze Anlage nach und nach renoviert und Ende 2009 wieder der Öffentlichkeit zugänglich gemacht, auch um die Erinnerung an Preußens fast vergessene Königin Elisabeth Christine neu zu beleben.

Abschied von Rheinsberg

Nach der Beisetzung Friedrich Wilhelms I., der wunschgemäß in der Potsdamer Garnisonkirche seine letzte Ruhe gefunden hatte, siedelte der Hof noch einmal nach Rheinsberg um. Hier wollte man so lange bleiben, bis der Umbau des Berliner Stadtschlosses abgeschlossen war. Elisabeth Christine ahnte nicht, dass sie Rheinsberg danach nicht mehr wiedersehen würde.

Hier am Grienericksee wurden noch einmal die »alten Zeiten« heraufbeschworen, die den schönen Künsten, der Philosophie, Musik und Literatur gewidmet waren. Man hätte tatsächlich den Eindruck gewinnen können, als habe ein »Philosoph« den Thron bestiegen. Doch das war nur der schöne Schein. Ende Oktober 1740 kam auch Friedrichs Schwester Wilhelmine zu Besuch, seit dem Tod ihres Schwiegervaters 1735 Markgräfin von Bayreuth. Inzwischen waren sieben Jahre vergangen, seit sie das letzte Mal ihre Familie besucht hatte. Ihre Eindrücke waren durchaus zwiespältig, wie man in Wilhelmines Memoiren nachlesen kann: »Er [Friedrich II.] verbrachte seine wenigen Mußestunden in der Gesellschaft einiger geistvoller und gelehrter Leute … Abends war Konzert, wo er trotz seiner Schwäche [der König hatte gerade erste eine schwere Grippe auskuriert] zwei oder drei Musikstücke auf seiner Flöte blies, und man darf ohne Schmeichelei behaupten, dass er die größten Meister dieses Instruments übertraf. Die Zeit nach dem Souper war der Poesie und Wissenschaft gewidmet, für die er unendlich viel Talent und Aufnahmefähigkeit hat.« Und doch konnte man unterschwellig eine gewisse Nervosität spüren, denn Friedrich II. war mit seinen Gedanken nicht so recht bei der Sache: »All diese Dinge waren für ihn nur Erholungspausen; der Hauptgedanke war die Eroberung Schlesiens.«

Pulverdampf schwebte über der Rheinsberger Idylle. Am 20. Oktober 1740 starb Kaiser Karl VI. überraschend im Alter von 54 Jahren. Da er keine männlichen Erben hatte, war die erst 23-jährige Tochter Maria Theresia seine Nachfolgerin. Schon 1713 hatte Karl VI. die *Pragmatische Sanktion* erlassen, ein Hausgesetz, das unter anderem auch die weibliche Erbfolge in den habsburgischen Landen ermöglichen sollte. Die meisten europäischen Staaten hatten nach langwierigen Verhandlungen und kaiserlichen Zugeständnissen dieses Novum anerkannt. Frankreich hatte damals Lothringen als Preis für die Anerkennung der Pragmatischen Sanktion erhalten und England konnte durchsetzen, dass die Habsburger künftig auf den Handel mit Indien verzichteten. Auch König Friedrich Wilhelm I. hatte seinerzeit zugestimmt, doch die Gegenleistung, die er von den Österreichern erhalten sollte, war ausgeblieben. Eigentlich war dem Preußenkönig vom Kaiser versprochen worden, ihn seinerseits bei der Erbfolge der Herzogtümer Berg und Jülich im Westen des Reiches zu unterstützen. Doch dann zwang ihn Karl VI. später sogar, allen Ansprüchen auf die rheinischen Länder zugunsten der Wittelsbacher zu entsagen. Weil sich Friedrich Wilhelm I. damals nur rhetorisch über den kaiserlichen Wortbruch entrüstete, war Kronprinz Friedrich derart empört, dass er in seinem Brief an Grumbkow bekanntlich zu »kriegerischen Taten« geraten hatte. Doch jetzt sah er seine Stunde gekommen.

Niemand hatte damit gerechnet, dass sich die Pragmatische Sanktion schon so bald würde bewähren müssen. Die Thronerbin und älteste Tochter des Kaisers, Elisabeth Christines Cousine Maria Theresia, war kaum auf die schwierigen Aufgaben vorbereitet, mit denen sie sich jetzt konfrontiert sah. Die junge Erzherzogin von Österreich war zugleich Königin von Ungarn und Böhmen, als Frau nicht jedoch Kaiserin des Heiligen Römischen Reiches. Unverzüglich erhob deshalb Karl Albrecht von Bayern Anspruch auf die Kaiserkrone. Der bayerische Kurfürst pochte darauf, als Ehemann einer Tochter Josephs I., des Vorgängers des verstorbenen Kaisers, ein Recht darauf zu haben. Unterstützung erhielt er durch Philipp V. von Spanien, der die Pragmatische Sanktion umgehend aufkündigte. Unterdessen schrieb Friedrich II. an den französischen Philosophen Voltaire, mit dem er schon seit längerer Zeit korrespondierte: »Der Kaiser ist tot. Dieser Tod zerstört alle meine friedlichen Gedanken. Jetzt ist die Zeit da, wo das alte politische System eine völlige Änderung erfahren muss.«

Krieg gegen Österreich

Es war offenbar nur noch eine Frage der Zeit, bis Bayern und Spanien Maria Theresia den Krieg erklären würden. Doch Friedrich II. kam ihnen zuvor. Er verließ Berlin am 13. Dezember 1740 und fiel drei Tage später mit seinen Truppen in Schlesien ein, das seit 1526 den Habsburgern gehörte. Als Begründung schrieb er später seinem Vertrauten Jordan: »Meine Jugend, das Feuer der Leidenschaft, das Verlangen nach Ruhm … die Genugtuung, meinen Namen in den Zeitungen und dereinst in der Geschichte zu lesen, hat mich verführt.« Was Friedrich II. antrieb, war jedoch auch politisches Kalkül, denn er wollte die verstreuten Besitzungen Brandenburg-Preußens durch die Eroberung Schlesiens enger zusammenfügen.

Mit Maria Theresia glaubte der Preußenkönig leichtes Spiel zu haben, denn dass es eine Frau mit ihm aufnehmen könnte, war für Friedrich undenkbar. Tatsächlich befand sich die Habsburgerin in einer schwierigen Lage. Ihr fehlten nicht nur zuverlässige Bundesgenossen, nach den Türkenkriegen war Österreich auch finanziell am Ende. Friedrich hingegen hatte von seinem Vater eine volle

Staatskasse und eine schlagkräftige Armee übernommen. Er saß damit am längeren Hebel, sodass er in der Lage war, Maria Theresia ein scheinbar lukratives Angebot zu machen: Sollte sie freiwillig auf Schlesien verzichten, dann werde er bei der nächsten Kaiserwahl für das Haus Habsburg stimmen, also für ihren Gemahl Franz Stephan aus dem Hause Lothringen. Doch Maria Theresia war keineswegs bereit, so schnell aufzugeben, und beschied den Preußenkönig mit einem klaren »Nein«.

So nahm der Erste Schlesische Krieg seinen Lauf; Anfang Januar 1741 besetzten die preußischen Truppen Breslau. Daheim in Berlin wartete Elisabeth Christine angespannt auf Nachrichten von der Front und bangte um das Leben ihres Gemahls. Nach dem preußischen Sieg bei Mollwitz schrieb ihr Friedrich am 21. April 1741in offenbar bester Laune: »Der Himmel ist uns bisher günstig gewesen; ich wünschte von ganzem Herzen, dass das Glück uns nicht verlässt. Ich bin, mit aller Achtung, Madame, Ihr sehr ergebener Diener Federic«

Doch nur wenig später muss Friedrichs gute Stimmung umgeschlagen sein, möglicherweise wegen Differenzen mit Braunschweig-Wolfenbüttel. Zu Kriegsbeginn hatte Friedrich Elisabeth Christine erneut benutzt, um von Karl I. ein Regiment von 1300 Mann zu fordern. Als dieser ablehnte, drohte der Preußenkönig wütend mit »Gewaltmaßnahmen«. Der Herzog lenkte daraufhin ein und schickte 700 Soldaten unter der Führung seines Bruders Ferdinand von Braunschweig, der auch am Sieg bei Mollwitz maßgeblich beteiligt war. Trotzdem gab es jetzt erneute Spannungen zwischen Berlin und Wolfenbüttel. Wieder versuchte Elisabeth Christine zu vermitteln und erkundigte sich am 2. Mai 1741 vorsichtig bei ihrem Bruder Karl: »Ich weiß nicht, ob es nicht zu neugierig aussieht, wenn ich eine Frage an Sie richte. Es ist die, ob Sie dem König zu der gewonnenen Schlacht Glück gewünscht haben. Ich weiß nämlich nicht, was er hat, er bildet sich ein, dass Sie ihn hassen, ebenso die Herzogin, meine Mutter, der ich aber nichts davon zu sagen bitte. Der König glaubt, dass Sie sein Freund nicht sind – ich habe Sie davon als gute Schwester und Freundin benachrichtigen wollen, denn er schreibt mir heute einen Brief, in dem er nichts tut, als auf meine Familie schimpfen und sagt, er würde sich auf eine furchtbare

Weise für alles rächen, was meine Familie ihm antut. Ich teile Ihnen das vertraulich mit, damit Sie Ihre Maßnahmen treffen können, denn das Wohl und das Glück meiner Familie sind mir viel zu teuer, als dass ich dafür nicht empfindlich sein könnte. Ich hoffe, alles bleibt unter uns: verbrennen Sie diesen Brief daher gleich …« Das hat Herzog Karl I. wohl unterlassen. Doch offenbar ist es ihm gelungen, die gröbsten Missverständnisse zu beseitigen und das Verhältnis zu seinem königlichen Schwager wieder auf eine halbwegs stabile Basis zu stellen. Sein Misstrauen gegen mögliche »Intrigen aus Braunschweig« konnte Friedrich II. aber auch künftig nicht ablegen. Die Leidtragende war vor allem Elisabeth Christine.

»Ich bleibe zurück wie eine Gefangene …«

Im Frühjahr 1741 war Schloss Schönhausen endlich bezugsbereit. Von nun an sollte Elisabeth Christine hier alljährlich die Sommermonate verbringen, meist von Juni bis September. Das höfische Gesellschaftsleben, das ansonsten im Berliner Stadtschloss stattfand, ging auch auf Schönhausen weiter. Schon am 24. Juli 1741 gab Elisabeth Christine ein großes Gartenfest anlässlich des 21. Geburtstags von Prinzessin Ulrike, Friedrichs Schwester. Ulrike, die sich ansonsten mit spitzen Bemerkungen über ihre Schwägerin nicht zurückhielt, äußerte sich in einem Brief an Friedrich II. diesmal ganz begeistert: »Letzten Montag hatte ich die Ehre, der Königin in Schönhausen meine Aufwartung zu machen, wo ich den Geschmack bewundern konnte, der dort herrscht und der, begleitet von der Güte und freundlichen Wesenart der Königin, uns einen bezaubernden Tag beschert hat.«

Scheinbar hat sich auch das Verhältnis zu Königin-Mutter Sophie Dorothea ein wenig entspannt, doch das änderte nichts an Elisabeth Christines unglücklicher Gesamtsituation. Als der Schlesische Krieg im Winter unterbrochen wurde und Friedrich II. im November 1741 nach Berlin zurückkehrte, wurde auf Schloss Charlottenburg eine große Begrüßungsfeier ausgerichtet, zu der auch Herzog Karl I. von Braunschweig-Wolfenbüttel eingeladen war. Nur Elisabeth Christine musste auf königlichen Befehl in ihrer Wohnung im Berliner Stadtschloss bleiben. Enttäuscht schrieb sie am 21. November 1741 an ihren Bruder Karl: »Da ich nicht einmal die Befriedigung haben werde, Sie in Charlottenburg begrüßen zu können, sende ich diese Zeilen im Voraus, um Ihnen zu sagen, welche Freude es mir gewährt, Sie später zu sehen. Ich neide ihm [dem König] dieses Glück. Der König aber hat gewünscht, dass ich hier bleibe … Ich muss mich fügen, obwohl, wenn es von mir abgehangen hätte, ich vorausgeeilt wäre …« Doch Elisabeth Christine musste sich wohl oder übel daran gewöhnen, dass sie künftig von fast allen Familienfeiern ausgeschlossen wurde. Umso mehr freute sie sich, dass ihre 19-jährige Schwester Luise Amalie, die am 6. Januar 1742 mit dem gleichaltrigen August Wilhelm von Preußen verheiratet wurde, jetzt ebenfalls in Berlin lebte.

Die Ehe des Prinzen von Preußen, wie der Thronfolger seit 1744 genannt wurde, war nunmehr schon die dritte dynastische Verbindung zwischen Berlin und Wolfenbüttel. August Wilhelm hatte zunächst zwar versucht, sich gegen die arrangierte Ehe zu wehren, doch letzten Endes musste er sich dem »Befehl« seines königlichen Bruders unterwerfen. Glücklich wurden beide Partner nicht, zumal sich August Wilhelm wenige Jahre später unsterblich in die junge Hofdame Sophie von Pannwitz, später verheiratete von Voß (1729–1814), verliebte und sich unbedingt von seiner Gemahlin trennen wollte. Friedrich II. jedoch hat die Scheidung strikt untersagt.

Nach den aufwändigen Hochzeitsfeierlichkeiten brach der Preußenkönig erneut nach Schlesien auf und schrieb nur gelegentlich Briefe an Elisabeth Christine, meist nichts weiter als sachlich-nüchterne Kriegsberichterstattung. Am 11. Juni 1742 endete der Erste Schlesische Krieg mit dem Frieden von Breslau, mit dem Österreich Schlesien an Preußen abtreten musste. Friedrich II. kehrte als strahlender Sieger nach Berlin zurück. Doch wenn Elisabeth Christine gehofft hatte, ihren Gemahl künftig wieder häufiger zu sehen, so wurde sie enttäuscht. Der Preußenkönig ging ohne sie nach Schloss Charlottenburg und wenig später nach Potsdam, um dort den Sommer zu verbringen. Elisabeth Christine blieb unterdessen auf Schönhausen zurück.

In diesem Jahr wurde Sophie von Camas zur Oberhofmeisterin der Königin ernannt. Friedrich II. schätzte die 56-Jährige wegen ihrer Erfahrenheit und Lebensklugheit, aber ebenso wegen ihres unvergleichlichen Humors, der sie selbst in schwierigen Situationen nicht verließ. In Gräfin Camas besaß Elisabeth Christine nicht nur eine einfühlsame Ratgeberin, die Oberhofmeisterin fungierte auch als ehrliche Mittlerin zwischen der Königin und ihrem getrennt von ihr lebenden Gemahl.

Daneben hatte Elisabeth Christine noch ihren Bruder Karl, dem sie ihr Herz ausschütten konnte, so wie am 20. Juni 1742: »Ich sehe meine Schwester [Luise Amalie] nur selten, ich habe sie eingeladen, lange schon, und sie hat mir versprochen zu kommen, aber es sind schon drei Tage, dass sie nicht gekommen ist. Mit der Königin und mir ist augenblicklich wieder alles in Ordnung, und es wird auch gut gehen, wenn sich nicht wieder lügenhafte Zungen finden, um Unfrieden zu machen; aber es ist traurig, dass die Chancen dafür nicht groß sind.«

Diese »lügenhaften Zungen« waren ganz offensichtlich ein Synonym für Friedrichs jüngste Schwester, die 1723 geborene Amalie. Bei der Hochzeit des Kronprinzen mit Elisabeth Christine war sie erst zehn Jahre alt gewesen und damit noch zu jung, um sich an den Sticheleien und Gehässigkeiten zu beteiligen, mit denen Sophie Dorothea und ihre älteren Töchter das neue Familienmitglied quälten. Jetzt schien sie alles nachzuholen.

Amalie war ganz ohne Zweifel die exzentrischste der sechs preußischen Königstöchter. Zwar umfassend gebildet und mit großem musikalischem Talent gesegnet, wies sie gleichwohl die Züge einer überaus skurrilen Persönlichkeit auf. All ihre Zeitgenossen haben letzten Endes das gleiche Bild von ihr gezeichnet wie Graf Lehndorff, der spätere Kammerherr von Elisabeth Christine, der einmal schrieb: »Nichts ist mittelmäßig an ihr; entweder ist sie himmlisch oder teuflisch.« Je älter Amalie wurde, desto mehr trat ihre »teuflische« Seite in den Vordergrund. Durch ihre böse Zunge und ihr intrigantes Wesen erwarb sie sich schließlich den Ruf, die »böse Fee« der Familie zu sein. Denn nicht nur Elisabeth Christine, alle Familienmitglieder hatten unter der sarkastischen Art der Prinzessin zu leiden. Soeben noch liebenswürdig und charmant, konnte sie schon im nächsten Moment wieder zynisch und verletzend werden. »Damals war sie noch sehr jung«, schrieb Sophie von Voß, die Hofdame der Königin, später in ihren Erinnerungen, »aber trotz ihrer Jugend war sie boshaft und sehr gefürchtet und machte uns allen viel Not und Unannehmlichkeiten.« Zwar wurde Amalie 1756 zur Äbtissin des Damenstifts Quedlinburg ernannt, sie lebte aber die meiste Zeit trotzdem in Berlin. Geheiratet hat sie nie. Mit nur 40 Jahren erkrankte sie an einem schweren Nervenleiden, das den Umgang mit ihr noch schwieriger machte.

Außer Amalie lebte nur noch Prinzessin Ulrike am Berliner Königshof, während sich Sophie schon im November 1734 mit dem Markgrafen von Brandenburg-Schwedt vermählt hatte. Im Sommer 1744 heiratete auch Ulrike und folgte ihrem Gemahl, dem Erbprinzen von Schweden, nach Stockholm.

Doch auch wenn Amalie immer wieder gegen Elisabeth Christine stichelte, so war es doch letzten Endes Friedrich II. selbst, der seine Gemahlin bei den Familienfesten nicht dabei haben wollte. Das war auch im Frühling 1744 der Fall, als man auf Schloss Rheinsberg zusammentraf, das der König seinem Bruder Heinrich geschenkt hatte. Verbittert schrieb Elisabeth Christine am 27. März 1744 an Ferdinand von Braunschweig-Wolfenbüttel: »Ich bleibe ganz allein in diesem alten Schloss zurück wie eine Gefangene, während sich die anderen amüsieren. Ich unterhalte mich mit Lektüre, Arbeit und Musik, und es ist immer ein Festtag für mich, wenn ich einen Brief von Ihnen erhalte, das macht mich für den ganzen Tag froher Laune, und wenn ich Ihnen schreibe, so sind das die Stunden der Erholung für mich.«

Neuer Kummer

Der nächste Krieg warf bereits seine Schatten voraus. Kurz nach dem Frieden von Breslau war es Österreich mit Hilfe von Ungarn gelungen, das verloren gegangene Böhmen zurückzuerobern und schließlich sogar Bayern einzunehmen. Da Friedrich II. befürchten

Nach der Thronbesteigung 1740 schenkte König Friedrich II. seiner Gemahlin Schloss Schönhausen im Norden Berlins. Elisabeth Christine, die das Schlösschen schon immer geliebt hatte, konnte nicht ahnen, dass sie hier viele einsame Stunden verbringen würde. – Zeichnung von Carl Benjamin Schwarz, 1787, nach einer Radierung von Adolph von Menzel.

musste, Schlesien wieder zu verlieren, hielt er einen neuen Krieg für unvermeidbar. Im Sommer 1744 zog er erneut ins Feld.

Ganz Preußen freute sich hingegen, als Amalie Luise, die Schwester der Königin, am 25. September 1744 einen gesunden Sohn zur Welt brachte: den Thronfolger und nachmaligen König Friedrich Wilhelm II. von Preußen (reg. 1786–1797): »Unsere Schwester ist heute, Gott sei gelobt, so glücklich als nur möglich um neuneinhalb Uhr von einem Prinzen entbunden worden«, meldete Elisabeth Christine nach Braunschweig. »Sie befindet sich wohlauf, ebenso ihr Kindchen.« Doch alle Freude über den kleinen Thronerben wurde von der großen Sorge um den König überschattet: »Gott gebe, dass dieser grässliche Krieg endlich einmal aufhört«, schrieb Elisabeth Christine am 1. Dezember 1744: »Wenn nur wenigstens ein Waffenstillstand zustande käme und die Truppen ins Winterquartier rücken könnten. Gott schütze uns in dieser Zeit der Gefahren und wache über denen, die wir lieb haben.«

Aber der Krieg dauerte noch an, als die Königin am 13. Mai 1745 zusammen mit ihrer Schwester nach Schönhausen übersiedelte, sodass sie wenigstens das milde Frühlingswetter genießen konnte: »Schönhausen ist mir nie so schön vorgekommen wie jetzt«, konnte sie zwei Tage später ihrem Bruder Ferdinand berichten, »das erste junge Grün macht mir so viel Freude zu sehen. Wir gehen den ganzen Tag spazieren; diesen Morgen erging ich mich mit meiner Schwester, gefolgt von mehreren meiner Damen, und wir nahmen den Kaffee in einer der neuen Lauben, die ich vor kurzem am Ende des Gartens errichten ließ, wo man den Gesang der Nachtigallen hört und das Murmeln des Wassers ... Wenn es zu heiß wird, nehme ich ein Buch und setze mich damit in das kleine Gehölz. Ich bin meist allein und finde, dass die Gesellschaft meiner Bücher besser ist als die meines Gefolges, das doch nur tut, was ihm beliebt und sich um meinetwillen gar nicht stören lässt ...«

Es war nicht das erste Mal, dass Elisabeth Christine Anlass zur Kritik an ihrem höfischen Personal hatte. Die Hofgesellschaft gab sich keine besondere Mühe mit einer Königin, die lediglich eine Nebenrolle spielte und von Friedrich II. selbst ins Abseits verbannt worden war. Es war natürlich eine Wanderung auf einem sehr schmalen Grat: Wer sich Elisabeth Christine gegenüber allzu zuvorkommend verhielt, brüskierte damit zumindest indirekt den König. Und so hielten es die meisten Hofbediensteten für durchaus angebracht, dem Beispiel Friedrichs II. zu folgen und seine Gemahlin ihre Geringschätzung spüren zu lassen. Einer von ihnen war Elisabeth Christines Hofmarschall Wilhelm Friedrich Graf von Wartensleben, über dessen Verhalten sie sogar den König informierte: »Zum ersten Mal in meinem Leben habe ich etwas Übles über jemanden geschrieben«, klagte sie am 5. April 1745 ihrem Bruder Ferdinand, »aber ich war zu einem solchen Schritt gezwungen, obgleich er mich Schmerz gekostet hat. Wartensleben hat gestern auf meinen Befehl am zweiten Tische gespeist. Er wollte zuerst den Stolzen spielen, ich sagte ihm aber sehr trocken, er hätte zu tun, was ich befehle, und er hat sich gefügt, war aber sehr gedrückt.«

Wenn sich Elisabeth Christine durchsetzen wollte, dann musste sie sich schon selbst Respekt verschaffen, und das fiel der eher schüchternen und unsicheren Königin keineswegs leicht. Elisabeth Christine besaß keine natürliche Autorität und das merkte man ihr auch nur allzu deutlich an. So fand sie nie einen »goldenen Mittelweg« im Umgang mit ihren Untergebenen. Wie vielfach beklagt wurde, reagierte sie entweder zu nachsichtig oder viel zu heftig. Graf Lehndorff, Elisabeth Christines späterer Kammerherr, teilt uns eine solch unerfreuliche Szene mit. Am 5. Mai 1759 schrieb er in sein Tagebuch: »Ich wohne einem Diner der Königin bei. Es verläuft anfänglich ganz gut. Als aber die Tafel aufgehoben wird, tritt ihre Majestät auf den Grafen Wartensleben zu, um ihm zu sagen, sie wolle einige Überzählige unter den Pagen aufnehmen. Wartensleben erklärt ihr, das ginge nicht, da er keine Mittel zu ihrem Unterhalt habe. Die Königin antwortet darauf ziemlich heftig. Wartensleben wird noch lauter, sodass schließlich ein heilloser Spektakel entsteht. Die Königin schlägt mit dem Fächer nach ihm, zerbricht ihn dann in hundert Stücke, wirft sie ihm ins Gesicht und geht wütend hinaus. Kurz, der Skandal ist vollständig.« Doch zurück ins Jahr 1745.

Zum Glück ging der Zweite Schlesische Krieg seinem Ende entgegen. Im Januar 1745 starb Karl VII., der bayerische Kurfürst, der drei Jahre zuvor zum deutschen Kaiser gewählt worden war. Sein Sohn Max Joseph verzichtete daraufhin in einem Vertrag mit Österreich auf den Kaisertitel, sodass der an das Haus Habsburg zurückfiel. Jetzt versuchte Maria Theresia noch ein letztes Mal, Schlesien zurückzuerobern, doch die österreichischen Truppen wurden am 4. Juni 1745 bei Hohenfriedberg von Friedrich II. entscheidend geschlagen.

Noch kurz vor Kriegsende hatte Elisabeth Christine den Tod ihres erst 20-jährigen Bruders Albert zu beklagen, der am 30. September 1745 in der Schlacht bei Soor gefallen war. Wieder kondolierte Friedrich II. wenig feinfühlig, als er am 9. Oktober seiner Gemahlin schrieb: »Madame, ich habe den Tod Ihres Bruders, des Prinzen Albert, beklagt. Aber er ist als tapferer Mann gefallen, obgleich er sich waghalsig und ohne Notwendigkeit der Gefahr ausgesetzt hat. Ich habe dem Herzog schon vor einiger Zeit geschrieben, wie es kommen musste, aber er ist nur seinem Kopfe gefolgt, und ich wundere mich nur, dass er nicht schon längst getötet worden ist. Ich bedaure Sie, Madame, wegen der Trauer, in die Sie natürlich über den Verlust eines Ihrer Angehörigen versetzt worden sind, aber das sind Ereignisse, gegen die es keine Mittel gibt.«

Im Dezember 1745 beendete der Frieden von Dresden den Zweiten Schlesischen Krieg. Schlesien blieb bei Preußen, und Friedrich II. erkannte Franz I. als Kaiser an, Maria Theresias Gemahl, der im September des Jahres von der Mehrheit der Reichsfürsten zum Kaiser gewählt worden war.

»Mein zimperlicher Griesgram«

Doch auch in den friedlichen Zeiten gab es neuen Kummer, zunächst einmal in finanzieller Hinsicht. Elisabeth Christines Privatschatulle war leer. Der Umbau von Schloss Schönhausen hatte ein Vermögen gekostet, selbst wenn sich Friedrich an den Unkosten beteiligt hatte. Hinzu kam etwas anderes. Um den drängenden Wunsch ihres Gemahls zu erfüllen, ihren Bruder Ferdinand in preußische Dienste zu holen, hatte Elisabeth Christine vielleicht selbst tief in die Tasche gegriffen – ohne Friedrich II. etwas davon zu sagen. Aber warum auch immer – auf jeden Fall ging es ihr jetzt nicht anders als allen Mitgliedern der Königsfamilie: Sie hatte hohe Schulden. Am 24. April 1746 schrieb sie ihrem Bruder Karl: »Ich muss Ihnen aber sagen, lieber Bruder, dass ich gestern einen Brief erhalten habe, in welchem man [Friedrich II.] mich wegen meiner Schulden ausgescholten hat und mir befiehlt, die Zinsen zu zahlen. Ich weiß nicht, wie ich das machen soll, ohne mich von neuem in Schulden zu stürzen. Im September will er alle seine Schulden bezahlt haben oder im ersten Viertel des kommenden Jahres; dann erst will er die Gnade haben, die meinigen zu bezahlen, falls er bis dahin keine Klagen mehr über mich hört.«

Doch auch der Preußenkönig selbst war alles andere als sparsam. Gleich nach seiner Rückkehr aus dem Schlesischen Krieg hatte er den Bau eines neuen Lustschlosses auf dem »Wüsten Berg« in Potsdam in Auftrag gegeben, das zwei Jahre später fertiggestellt wurde: Sanssouci oder, wie die Inschrift lautet »Sans, Souci« (Ohne Sorge).

Gleichzeitig gab es noch ein weiteres kostspieliges Bauprojekt. Unter der Leitung des preußischen Architekten Knobelsdorff, der schon Rheinsberg umgestaltet hatte, entstand jetzt ein neuer Flügel am Berliner Schloss Charlottenburg. Der Abschluss der Bauarbeiten sollte im Sommer 1746 auf Wunsch Friedrichs II. mit einem Familienfest gefeiert werden – allerdings nur mit ausgewählten Mitgliedern der Königsfamilie. Aufschlussreich in diesem Zusammenhang ist ein Brief, den August Wilhelm am 16. Juni 1746 an seinen königlichen Bruder schrieb: »Sie haben mich beauftragt, liebster Bruder, festzustellen, ob die Königin-Mutter wünscht, dass die regierende Königin an einem Ausflug nach Charlottenburg teilnimmt. Ich habe mein möglichstes getan, ihre Absichten zu ergründen. Sie hat mir angezeigt, dass die Anwesenheit der Königin ihr in keiner Weise lästig sein würde. Die Königin-Mutter freut sich auf den Ausflug.«

Doch auch wenn Sophie Dorothea keine Einwände hatte, so wurden weder Elisabeth Christine noch ihre Schwester Luise Amalie nach Charlottenburg eingeladen. Enttäuscht schrieb die Königin am 25. Juni 1746 an ihren Bruder Ferdinand: »Meine Schwester und ich bleiben hier. Das ist nach dem Willen der Prinzessin Amalie beschlossen worden, denn die Königin-Mutter weiß nichts davon, man hat sie nicht darüber befragt.« Elisabeth Christine irrte. Die »treibende Kraft« war der König selbst. Hätte Friedrich II. die Anwesenheit seiner Gemahlin gewünscht, dann hätte auch die »böse Fee« nichts dagegen ausrichten können. Doch der König wollte dies gerade nicht, wie man in seinem Antwortschreiben an August Wilhelm nachlesen kann: »Lieber Bruder. Wenn mein zimperlicher Griesgram [Elisabeth Christine] an dem Ausflug nach Charlottenburg teilnimmt, so wird sie, fürchte ich, das ganze Fest stören. Außerdem weiß ich nicht, wo ich sie unterbringen soll. Wir wollen sie zu Besuch kommen lassen, das ist wohl das sicherste Mittel, sie nur dann dabei zu haben, wenn man will. Fragen Sie die Königin-Mutter, ob sie Ihre Frau [Luise Amalie] da haben will; sie fände in Ihren Gemächern Platz. Vielleicht macht die Charlottenburger Luft sie fruchtbar! Wo sollte man übrigens mit dem Schwarm von Kammerzofen, Hofdamen usw. hin, wenn meine zärtliche Ehehälfte in Charlottenburg wohnt? Wie soll man diese stets unzufriedene Spezies weiblichen Geschlechts füttern und wie das ganze Pack, das im Dienst der verschiedenen Hofhaltungen steht, unter einen Hut bringen? Wir wollen unsere Mutter unterhalten durch einen Ausflug und ländliche Vergnügungen. Bleiben wir bei diesem Vorsatz und mischen wir nicht Nesseln und Gestrüpp zwischen Jasmin und Rosen.«

Deutlicher hätte Friedrich II. seine Abneigung und Verachtung, die er für Elisabeth Christine empfand, wohl kaum ausdrücken können. Das Platzproblem war nur ein fadenscheiniger Vorwand. Im Erdgeschoss von Charlottenburg stand Elisabeth Christine eine eigene Wohnung zur Verfügung – die sie aber so gut wie nie genutzt hat. Das Appartement war mehr der Etikette wegen eingerichtet worden und nicht aufgrund tatsächlicher Wohnbedürfnisse. Alles war von Anfang an so geplant, denn im Gegensatz zu Friedrichs Appartement war der dekorative Aufwand für die Räumlichkeiten der Königin höchst bescheiden. Die sieben Zimmer waren nicht nur niedrig, sie besaßen auch keine Deckengemälde. Es fehlten sogar die versilberten Raumdekorationen, die Friedrich so liebte.

Während also die Königsfamilie den sommerlichen »Ausflug« nach Charlottenburg unternahm und die »ländlichen Vergnügungen« genoss, blieb Elisabeth Christine allein auf Schloss Schönhausen zurück, um sich dort um ihren kleinen Neffen, den Prinzen Friedrich Wilhelm, zu kümmern. Luise Amalie hatte man nämlich zum Schluss doch noch gestattet, an der Familienfeier teilzunehmen: »Meine Schwester wird die Reise mitmachen«, schrieb die Königin am 1. Juli 1746 resigniert an ihren Bruder Ferdinand, »während dieser Zeit verlasse ich das Schloss und werde die Gouvernante meines Neffen sein. Ich bin froh darüber, dass ich es allein bin, die eine solche Kränkung über sich ergehen lassen muss und zurückgesetzt wird; wenn man eine solche Behandlung auch meiner Schwester zuteil werden ließe, hätte ich ja ein doppeltes Leid zu ertragen.«

So tapfer sich Elisabeth Christine nach außen hin geben mochte, in ihrem Inneren musste sie zutiefst verletzt sein. Auch ihre finanziellen Sorgen waren nicht geringer geworden. Um ihre Verbindlichkeiten bezahlen zu können, hatte die Königin sogar an der Lotterie teilgenommen, einem schon damals äußerst beliebten Glücksspiel, das sich seit dem 15. Jahrhundert von Italien über ganz Europa ausgebreitet hatte. Wie niedergeschlagen und einsam Elisabeth Christine in diesem Sommer war, lässt sich unschwer aus ihrem Brief an Ferdinand ablesen: »Für mich wünsche ich nichts weiter mehr, als dass ich das große Los in der Frankfurter Lotterie gewinnen möchte, damit ich meine Schulden bezahlen kann. Danach kann ich dann ruhig den Tod erwarten, wenn Gott es für gut halten wird, mich von dieser Welt zu nehmen, in der ich nichts mehr zu tun habe.« – Elisabeth Christine war damals erst 30 Jahre alt!

»Ich denke mit Freude an die Rheinsberger Zeit zurück«

So verging ein Tag nahezu wie der andere. Elisabeth Christine verbrachte viel Zeit am Schreibtisch, korrespondierte mit ihren Geschwistern und ging an schönen Sommertagen durch den Park von Schloss Schönhausen spazieren. Nur ihr bedingungsloses Gottvertrauen bewahrte die Königin davor, in eine schwere Depression zu verfallen. Friedrich hat sie nicht ein einziges Mal in Schönhausen besucht, obwohl sie sich immer wieder Hoffnungen machte, die dann doch nicht in Erfüllung gingen. Aber schon das geringste Zeichen von Aufmerksamkeit ihres Gemahls machte sie wieder glücklich. So schrieb sie im Juli 1747 an ihren Bruder Ferdinand: »Ich habe den liebenswürdigsten und gnädigsten Brief von dem lieben Herrn erhalten mit einer Entschuldigung, dass er im Vorüberfahren nicht bei mir abgestiegen ist. Ich habe mich vor Freude gar nicht zu fassen gewusst, als ich diesen Brief erhielt, da ich seit langer Zeit keinen so gnädigen mehr erhalten habe. Ich hoffe von ganzem Herzen, dass das Wetter für Sanssouci günstig sein wird.«

Aber als das Potsdamer Lustschloss Friedrichs II. im Sommer des Jahres eingeweiht wurde, musste Elisabeth Christine erneut in Schönhausen bleiben. »Wie glücklich sind die, die dort sein dürfen«, schrieb sie am 17. Juli 1747 an Ferdinand, »aber es ist nicht die Pracht, die mich dorthin zieht, sondern der liebe Herr, der diesen Ort bewohnt. Warum ist doch alles so anders geworden, warum habe ich all die frühere Güte und Gnade verlieren müssen? Ich denke noch mit Freude an die Rheinsberger Zeit zurück, wo ich so vollkommen glücklich war, wohlgelitten von einem Herrn, den ich so liebe, für den ich gern mein Leben hingeben würde. Welche Trauer muss ich nicht jetzt empfinden, wo alles anders geworden ist. Nur mein Herz ist unverändert geblieben und wird immer gleich für ihn schlagen, und ich hoffe ja immer noch, dass es anders wird. Diese Hoffnung hält mich allein noch aufrecht. Wolle Gott uns den lieben König in vollkommener Gesundheit bewahren …«

Es ist kaum nachvollziehbar, was Elisabeth Christine an Friedrich II. so sehr geliebt hat, dass sie selbst diese jahrelange Demütigung in Kauf nahm. Aber ihre Bewunderung blieb einfach grenzenlos. Der König schien ihr überlebensgroß zu sein, während sie sich selbst für verschwindend klein und unbedeutend hielt. Hat sie gar nicht gemerkt, auf welch zynische Weise Friedrich mit ihren Gefühlen und Hoffnungen spielte? Eigentlich hätte man erwartet, dass sich diese immer wieder enttäuschte Liebe mit der Zeit in Hass verwandelt hätte. Aber darauf deutet – zumindest vordergründig – rein gar nichts hin, im Gegenteil. In Elisabeth Christines Briefen ist immer nur von dem »lieben Herrn« und »lieben König« die Rede, dem sie das Allerbeste wünscht. Selbst »zwischen den Zeilen« findet sich nicht das kleinste Körnchen Kritik. Die Schuld an ihrer schlechten Behandlung gab sie stets anderen, nie aber dem König selbst, den sie unter dem fatalen Einfluss »falscher Freunde« vermutete. Aber wer weiß, vielleicht schrieb sie so viel Gutes ja nur aus Angst vor dem »lieben König« und möglichen Repressalien, sollten ihm »Klagen« zu Ohren kommen? Bekanntlich konnte Friedrich II. auf Kritik äußerst empfindlich reagieren.

Auch künftig freute sich Elisabeth Christine geradezu überschwänglich über jede noch so kleine Aufmerksamkeit ihres Gemahls: »Ich kann es unmöglich mit Schweigen übergehen und Sie an meiner Freude nicht teilnehmen lassen«, schrieb sie am 7. November 1749 an Ferdinand, »Der König hat nämlich an Frau von Camas einen sehr gnädigen Brief über mich geschrieben und ihr einen ungemein gnädigen Brief mit Glückwünschen für mich beigelegt sowie eine schöne Tabatiere. Sie können sich meine Freude vorstellen, lieber Bruder, die ich über dieses unerwartete Zeichen der Gnade unseres lieben Königs gehabt habe; ich war ganz außer mir vor Glück über die Güte des geliebten Königs.«

Nun war Elisabeth Christine tatsächlich eine Freundin des Schnupftabaks, der sich damals vor allem an den europäischen Fürstenhöfen großer Beliebtheit erfreute. Im 16. Jahrhundert war die Tabakpflanze von Süd- und Mittelamerika zunächst nach Frankreich importiert worden, wo man die zu Pulver zerstoßenen Blätter als Mittel gegen Kopfschmerzen anwandte, indem man sie entweder vom Handrücken oder mit den Fingerspitzen »schnupfte«. Es war Frankreichs Königin Katharina von Medici (1519–1589) gewesen, die das »Schnupfen« schließlich hoffähig machte. Schnupftabaksdosen waren im 18. Jahrhundert ein beliebtes Geschenk, das meist als Anerkennung besonderer Leistungen vergeben wurde. Aber eine Tabaksdose zum 34. Geburtstag der Königin! Andere Monarchinnen bekamen von ihren Ehemännern kostbaren Perlenschmuck geschenkt! Wüsste man es nicht besser, dann könnte man denken, Elisabeth Christine habe die oben erwähnten Zeilen mit bitterem Sarkasmus geschrieben. Doch nichts lag ihr ferner. Sie war scheinbar tatsächlich »ganz außer sich vor Glück über die Güte des geliebten Königs« und betonte sogar noch: »Der König verschwendet seine Gnaden auch an keine Undankbare, die sie zu schätzen weiß.«

Beginn des Siebenjährigen Krieges

Inzwischen waren seit dem Ende des letzten Krieges rund zehn Jahre vergangen, in denen sich das königliche Ehepaar weiter voneinander entfernt hatte. Friedrich II. verbrachte die Sommermonate in fast ausschließlich männlicher Gesellschaft auf Schloss Sanssouci, wo er seine berühmte »Tafelrunde« etablierte, schriftstellerisch tätig war und mit dem französischen Philosophen Voltaire verkehrte, bis dieser im März 1753 nach einem Streit mit dem König Potsdam endgültig den Rücken kehrte. Friedrich gefiel sich in der Rolle des »Philosophen von Sanssouci« und hatte schon 1745 erklärt, er werde künftig »keine Katze mehr angreifen«. Zehn Jahre später zeigten sich jedoch neue Kriegswolken am Himmel, denn Maria Theresia hatte sich mit dem Verlust Schlesiens keineswegs abgefunden. Die preußisch-österreichischen Gegensätze verschärften sich zunehmend, nachdem der resolute Graf Wenzel von Kaunitz in Wien zum neuen Außenminister ernannt worden war. Kaunitz war nämlich fest entschlossen, es noch einmal mit Preußen aufzunehmen und sich dazu sogar mit dem alten »Erbfeind« Frankreich zu versöhnen. Bereits 1746 hatte er ein Verteidigungsbündnis mit Russland geschlossen und Sachsen auf seine Seite gezogen. Nachdem sich Friedrich II. mit England verbündet hatte (Westminstervertrag 1756), schmiedete Kaunitz noch im gleichen Jahr eine österreichisch-französische Allianz. Damit sah sich Preußen von Russland, Sachsen, Frankreich und Österreich eingekreist.

Auch diesmal entschied sich Friedrich II., seinen Gegnern zuvorzukommen: »Ich bin unschuldig an diesem Krieg«, schrieb er an seinen Bruder August Wilhelm. »Ich habe alles getan, um ihn zu vermeiden.« Ende August 1756 fielen preußische Truppen in Sachsen ein und lösten damit den Siebenjährigen Krieg aus, der Preußen an den Rand des Abgrunds bringen sollte. Durch seinen Überraschungsangriff wollte Friedrich II. verhindern, dass Sachsen zum Aufmarschgebiet der österreichischen Armee würde. Jetzt aber schlossen sich Österreich, Russland, Frankreich und Schweden noch enger zusammen und nahmen sich vor, Preußen vollständig zu vernichten. Damit hatte es Friedrich II. mit einer gewaltigen feindlichen Übermacht zu tun. Ihm selbst stand bei Kriegsbeginn ein Heer von 120 000 Mann zur Verfügung, während die gegnerische Seite mehr als 300 000 Soldaten aufbrachte.

In Berlin war von den Auswirkungen des Krieges vorerst noch nichts zu spüren, auch Elisabeth Christines Tagesablauf blieb unverändert: »Die Königin ergeht sich nachmittags im Tiergarten«, schrieb Graf Lehnsdorff am 20. April 1757 in sein Tagebuch. »Diese Fürstin, die so wenig Freuden hat, empfindet schon über Dinge, die uns recht gleichgültig sind, ein außerordentliches Vergnügen. Demnach war dieser Nachmittag himmlisch.«

Ernst Ahasverus Heinrich von Lehndorff (1727–1811) war ein junger ostpreußischer Adeliger, der 1748 nach Berlin gekommen und 1752 zum Kammerherrn von Königin Elisabeth Christine ernannt worden war. Lehndorff führte ein ausführliches privates Tagebuch, das heute eine ausgesprochen wertvolle Quelle für das Leben am preußischen Königshof darstellt. Er war ein großer Bewunderer Friedrichs II. und teilte zunächst auch dessen Geringschätzung der Königin, die sich dann aber allmählich abschwächte.

Tod der Königin-Mutter

Bald aber häuften sich die schlechten Nachrichten von der Front. Am 18. Juni 1757 musste das preußische Heer bei Kolin eine empfindliche Niederlage einstecken, die Friedrich II. allein seinem Bruder August Wilhelm anlastete: »Ich werde dir, solange ich lebe, kein Kommando über eine Armee geben, es sei denn, dass ich eine zuviel hätte«, heißt es in einem wütenden Brief des Königs. August Wilhelm nahm daraufhin seinen Abschied vom Militär und zog sich verbittert nach Schloss Oranienburg zurück, wo er bis zu seinem Tod als Privatmann lebte.

Zehn Tage nach der Niederlage bei Kolin, am 28. Juni 1757, starb Königin-Mutter Sophie Dorothea im Alter von 70 Jahren. Wenngleich sie schon seit Längerem nicht mehr ganz gesund gewesen war, so kam ihr Tod doch offenbar völlig überraschend. »Die Königin-Mutter ist tot!«, schrieb Lehndorff noch am gleichen Tag in sein Tagebuch. »Gestern Abend speiste sie noch mit dem Fräulein Knesebeck und Fräulein von Bredow, scherzte viel mit der Letzteren und lud sie für den folgenden Tag zum Souper ein. Um zwei Uhr nachts lässt sie die Knesebeck rufen, weil sie nicht einschlafen kann, um vier Uhr entlässt sie sie und schläft bis acht. Dann fühlt sie ein Bedürfnis und lässt sich aus dem Bett tragen, nimmt Tee und will ins Bett zurück. In dem Augenblick, da ihre Frauen sie ins Bett legen, sagt sie ›Nun ist es aus!‹ und verscheidet. Diese große Königin, Tochter, Gemahlin, Mutter und Schwester von Königen, die nur zu wünschen brauchte, und alle Schätze Indi-

Königin Sophie Dorothea ließ Elisabeth Christine lange Zeit spüren, wie unwillkommen sie ihr als Schwiegertochter war. Erst in ihren letzten Lebensjahren kam es doch noch zu einer Annäherung zwischen den beiden. – Undatiertes Gemälde von Georg Wenzeslaus Knobelsdorff. Stiftung Preußische Schlösser und Gärten Berlin-Brandenburg.

ens, Frankreichs, Englands schmückten ihren Palast, diese so bewunderte, so verehrte, so beliebte Fürstin, da liegt sie nun auf einem kleinen Ruhebett, bedeckt mit einem Tuch, und schon beginnt man davon zu sprechen, dass man den Sarg wird schließen müssen, weil sie bald übel riechen wird, sodass niemand herangehen mag. Das ist das Ende dieser viel beneideten und bewunderten Größen …«

Elisabeth Christines Verhältnis zu Königin-Mutter Sophie Dorothea war in den letzten Jahren anscheinend erheblich besser geworden: »Sie bezeugt mir soviel Freundschaft und Güte und scheint ein wahres Vertrauen zu mir gefasst zu haben«, heißt es in einem Brief an Ferdinand vom Dezember 1756, »was viele Leute in Wut versetzt, aber ich hoffe, dass dies uns nicht mehr entzweien wird, da wir eine wahre Freundschaft zueinander gefasst haben und immer gleich denken.« So war es zum Schluss wohl nur noch Prinzessin Amalie, die gegen Elisabeth Christine hetzte. Aber die »böse Fee« hatte sich auch mit ihrer eigenen Mutter überworfen, was, wie Lehndorff meinte, »das Übelbefinden der Königin-Mutter und ihren Hang zur Zurückgezogenheit« nur noch verstärkte. Am 26. Januar 1757 heißt es im Tagebuch des Kammerherrn: »Ihr übler Zustand erregt allgemeine Trauer. Man sagt, dass die Hauptursache ihrer Krankheit ein heftiger Ärger gewesen ist, den ihr die Prinzessin Amalie bereitet hat.«

»Die Königin war von einer furchtbaren Laune …«

17 Jahre nach der Thronbesteigung Friedrichs II. war Elisabeth Christine endlich zur »Ersten Dame« Preußens aufgestiegen. Graf Lehndorff freilich reagierte auf die Rangerhöhung seiner königlichen Herrin mit großer Skepsis: »Die Königin ist im Grunde eine gute Frau, aber die Gemahlin des größten, schätzenswertesten und liebenswürdigsten Königs zu sein, dazu passt sie ganz und gar nicht. Sie besitzt gar keine Würde, keine Unterhaltungsgabe, wiewohl sie redselig mehr als nötig ist. Sie ist heftig über alle Maßen und ist Leuten von Stande gegenüber oft verlegen. Jetzt bildet sie sich ein,

dass sie fortan eine bedeutendere Rolle spielen und in allem die Erste sein wird, sie sagt sich aber nicht, dass man der Verblichenen deshalb so ehrfurchtsvoll ergeben war, weil sie voll Güte und Aufmerksamkeit gegen jedermann war. Es ist wirklich schade, dass diese Fürstin, die im Grunde so viele gute Eigenschaften besitzt, sich oft zu einer Heftigkeit hinreißen lässt, die man im gewöhnlichen Leben Brutalität nennen würde und die ihr so viele Personen entfremdet, die ihr sonst von Herzen ergeben sein würden.«

Es ist kaum anzunehmen, dass Elisabeth Christine ihre »neue Rolle« nach dem Tod der Schwiegermutter tatsächlich »zu Kopf gestiegen« sein soll. Dafür war sie noch immer viel zu bescheiden und zurückhaltend. Und dass sie gehofft hat, künftig ein wenig aus dem Schatten zu treten und an der Seite ihres geliebten Friedrich repräsentieren zu dürfen, kann man ihr nun wirklich nicht verübeln. Das andere Problem, das Lehndorff erwähnt, die »Brutalität« und »Heftigkeit« der Königin im Umgang mit ihren Untergebenen, ist bereits angesprochen worden. Tatsächlich klagte ihre Umgebung nicht selten über »Anfälle von Lebhaftigkeit«, übertriebene Wehleidigkeit, schlechte Laune und unverhoffte Zornesausbrüche. Auch die Hofdame Sophie von Voß schrieb 1760 in ihr Tagebuch: »Abends am Hof. Die Königin war von einer furchtbaren Laune und sagte ganz verzweifelte Sachen. Diese Übellaunigkeit ist ein schrecklicher Fehler von ihr. Immer will sie, dass alle Welt ihr schmeichelt und ihr in allen Dingen recht geben soll; und das macht jedes Gespräch mit ihr so peinlich wie unangenehm.«

Elisabeth Christine reagierte wohl immer dann besonders heftig, wenn sie den Eindruck hatte, dass ihre Umgebung den nötigen Respekt vermissen ließ. Bekanntlich war das schon des Öfteren der Fall gewesen und hatte die Königin nur noch mehr verunsichert. Und dass die meisten Mitglieder des Hofes überzeugt waren, ihr intellektuell überlegen zu sein und es sie gewiss auch spüren ließen, machte das Ganze nur umso schlimmer. Lehndorff beurteilte seine Königin in den Tagebuchaufzeichnungen jedenfalls reichlich respektlos: »Ich kenne niemanden, der so wenig Manieren besitzt, wie die Königin. Wenn man sie beobachtet, möchte man glauben, dass das Schicksal sie nur versehentlich auf den Thron gesetzt hat. Sie würde als Frau eines Amtmanns entschieden glücklicher sein, weil ihr immer am wohlsten ist, wenn sie in ihrem Schönhauser Loch allerhand Zeug zusammenschwätzen kann.« Respektlosigkeit – Zornesausbrüche – weitere Respektlosigkeit. Es war ein Teufelskreis, den weder Elisabeth Christine selbst noch ihre Entourage zu durchbrechen vermochten. Auch die mütterliche Oberhofmeisterin der Königin, Gräfin Sophie von Camas (1686–1766), scheint in dieser Hinsicht keinen Erfolg gehabt zu haben.

Fürstliche Flüchtlinge

Das Kriegsglück war launisch. Es sah nicht gut für Preußen aus. Im Oktober 1757 verbreitete sich plötzlich die Nachricht, die Franzosen stünden nur noch einen Tagesmarsch von Berlin entfernt. Panik brach aus; am Hohenzollernhof traf man alle Vorkehrungen für eine unverzügliche Flucht in die Spandauer Zitadelle, wo sich die Hofgesellschaft auf Befehl Friedrichs II. in Sicherheit bringen sollte. Einzelheiten verrät wieder einmal unser Gewährsmann Lehndorff, der sein Tagebuch auch während des Aufenthalts in der Zitadelle weiter schrieb: »Das Gebäude, in dem so viele erlauchte Personen Platz finden sollten, hat seit Friedrich I. nur zur Aufnahme von Gefangenen und von Schießbedarf gedient. Man hat die Ankunft der Königin nicht vermutet, und so ist kein Feuer, kein Licht vorhanden. Vier Verbrecher, Eisen an den Füßen und eine kleine Lampe in der Hand, führen Ihre Majestät und die Prinzessinnen in die Wohnung, die aus fünf Räumen besteht, in denen die Fenster zerbrochen sind, keine Tür schließt, kein Stuhl ist zu erblicken.«

Elisabeth Christine blieb keine andere Wahl, als diese unwirtliche Unterkunft zu beziehen. Mitbewohnerinnen waren ihre Schwester Luise Amalie und deren kleine Tochter Wilhelmine, ihr drittes Kind, das sie 1751 nach Friedrich Wilhelm (1744) und Heinrich (1747) zur Welt gebracht hatte. Betten gab es in der Wohnung keine, sodass die Damen gezwungen waren, trotz der kühlen Temperaturen auf dem Boden zu schlafen. Obwohl sie sich in ihre Pelze hüllten, froren sie ganz erbärmlich, denn die Räume konnten nicht richtig geheizt werden. »Ich muss bemerken, dass sich unter diesen Gemächern das Pulvermagazin befindet«, schrieb Lehnsdorff, »und dass man alle Augenblicke die Warnung erhält, man dürfe nicht zu stark heizen, wolle man nicht ein fürchterliches Unglück anrichten. Man muss also zwischen Erfrieren und in die Luft fliegen wählen; natürlich zieht man Ersteres vor. Die ganze Gesellschaft soupiert auf der Erde, verbringt dann eine traurige Nacht auf Stroh …«

Zum Glück dauerte dieses unerfreuliche Intermezzo nicht lange. Bereits am 18. Oktober 1757 konnte die Hofgesellschaft ins Berliner Schloss zurückkehren. Doch die Gefahr war noch keineswegs gebannt. Schon am 23. Oktober musste man erneut die wichtigsten Habseligkeiten zusammenpacken, diesmal, um sich unverzüglich in Magdeburg in Sicherheit zu bringen. Die Stadt an der Elbe, die im Dreißigjährigen Krieg (1618–1648) weitgehend zerstört worden war, wurde in den Jahren danach zur stärksten Festung Preußens ausgebaut. Noch heute zeugen Gräben, Bastionen und Reste dicker Festungsmauern von der wehrhaften Vergangenheit. In Magdeburg stand den Flüchtlingen jedoch ein komfortables königliches Palais zur Verfügung.

Es sah mittlerweile so aus, als sei der Krieg für Preußen verloren. Während die Russen in die nordöstlichen Gebiete Preußens eindrangen, rückten die Franzosen bis in die Elblandschaft vor; die Schweden standen sogar bereits in der Uckermark kurz vor Berlin. Man durfte keine Zeit mehr verlieren. Potsdam mit Friedrichs Lustschloss Sanssouci, das Elisabeth Christine bislang noch nie gesehen hatte, lag direkt am Fluchtweg nach Magdeburg. »Die Königin ist niemals hier gewesen«, notierte Lehndorff nach der Ankunft am 18. Oktober 1757, »und ich habe mich bei dieser Gelegenheit über die Fügung des Schicksals gewundert, dass die Königin von Ungarn ein Heer nach Berlin schicken muss, damit die Königin von Preußen die Residenz ihres Gemahls zu sehen bekommt. Sie findet alles prachtvoll und ist umso mehr entzückt, als sie auf allen Gesichtern aller Bewohner Potsdams die Freude liest, ihre Königin zu sehen …«

Doch lange konnte man sich nicht in Potsdam aufhalten, schließlich war Eile geboten. Vier Tage später kamen die fürstlichen Flüchtlinge in Magdeburg an und versuchten trotz der bedrohlichen

Situation den Anschein von Normalität zu wahren: »Die Königin führt in Magdeburg ungefähr dieselbe Lebensweise wie in Berlin«, vermerkt Lehndorff in seinem Tagebuch am 29. Oktober 1757, »nur erscheinen die Damen immer in runden Roben, und die großen Toiletten sind für diesen Aufenthalt ganz ausgeschlossen. Hier in Magdeburg spielen eine Hauptrolle die langen Mahlzeiten, die Toaste und die alten Rheinweine. Ich mache Gastmähler mit, welche die Heiterkeit selbst langweilen.«

Doch schon bald gab es wieder gute Nachrichten von der Front. Am 5. November 1757 siegten Friedrichs Truppen im thüringischen Rossbach über die österreichischen und französischen Verbände, am 5. Dezember folgte der preußische Sieg bei Leuthen nahe Breslau. Wenige Tage später erhielt Elisabeth Christine auch endlich wieder einen recht optimistischen Brief von ihrem Gemahl, den er am 17. Dezember im Feldlager bei Breslau geschrieben hatte. Darin heißt es: »Es hat den Anschein, als ob wir uns jetzt ohne Erniedrigung halten können und ohne Zuhilfenahme schimpflicher Mittel; das ist der Augenblick, um Festigkeit und Beharrlichkeit zu zeigen und gewiss lohnt sich die Mühe.« Dann folgt die übliche Schlussfloskel: »Ich bin, Madame, mit aller Achtung, ihr ergebener Diener Federic.« Auf ein paar persönliche Worte konnte Elisabeth Christine schon lange nicht mehr hoffen.

Wiedersehen mit der Mutter

Nach den preußischen Siegen bei Rossbach und Leuthen hatte sich die Lage zumindest so weit entspannt, dass die Hofgesellschaft im Januar 1758 nach Berlin zurückkehren konnte. Aber bislang war kein Durchbruch erzielt, weder in politischer noch in militärischer Hinsicht. Tatsächlich hing Preußens Schicksal nach wie vor an einem seidenen Faden.

Am 12. Juni 1758 starb Elisabeth Christines Schwager August Wilhelm auf seinem Schloss Oranienburg im Alter von nur 35 Jahren. Todesursache war eine nicht näher bekannte Krankheit, wenngleich seine jüngeren Brüder Heinrich und Ferdinand in Wahrheit

»ein gebrochenes Herz« vermuteten. Ähnliches schrieb aber auch Frau von Kleist am 20. Juni 1758 an Sophie von Voß, die »alte Liebe« des Prinzen von Preußen: »Der Prinz hat sehr gut gewusst, dass er dem Tod entgegenging, und er wusste es nicht etwa erst in den letzten Tagen.« Frau von Kleist berichtet, August Wilhelm sei fest entschlossen gewesen, »weder einen Arzt vorzulassen, noch Heilmittel zu nehmen; denn eine feste und gewisse Hoffnung sagte ihm, dass es bald mit ihm aus sein werde.« Man informierte Prinzessin Amalie, die daraufhin in Begleitung »des berühmten Doktor Meckel« unverzüglich nach Oranienburg kam, aber »der Prinz hört nicht auf sie. Trotz ihrer Bitten und Tränen will er Meckel nicht sehen und dieser muss wieder abreisen … Wenige Tage, nachdem er Meckel fortgeschickt hatte, war er bereits so krank, dass er das Bewusstsein verlor und nicht mehr das Bett verlassen konnte.« Amalie soll daraufhin mehrere Ärzte aus Berlin alarmiert haben und »diese erklärten den Zustand für eine Art Gehirn-Entzündung und wenden alle Mittel an, des Fiebers Herr zu werden. Es gelingt ihnen, die Krankheit zu brechen, die Delirien hören auf, der Kranke scheint gerettet, aber kaum kommt er wieder zu sich, da schickt er die Ärzte fort und verweigert hartnäckig, fernerhin irgendein Mittel zu nehmen.« Abschließend schreibt Frau von Kleist: »Du siehst, wenn der Himmel es anders gefügt hätte, so wäre diese Krankheit vielleicht der Anlass zu einer bleibenden Versöhnung zwischen beiden Brüdern geworden. Aber die Gram und die Verzweiflung des unglücklichen Prinzen haben ihn getötet, sie allein haben jede Hoffung, ihn zu erhalten, vereitelt.« Seit der Niederlage von Kolin hatte sich August Wilhelm nicht mehr mit Friedrich II. ausgesöhnt.

Der Prinz von Preußen hinterließ drei unmündige Kinder und seine Frau Luise Amalie, die zum vierten Mal schwanger war. (Ihr Sohn Karl Emil starb bereits am 15. Februar 1759 im Alter von nur drei Monaten.) Lehndorff meinte jedoch, die Prinzessin hätte »am wenigsten Ursache, traurig zu sein, weil er sie nicht immer gut behandelt hat. Er war sehr jung, als er sie heiratete, und sie, eine schüchterne Natur, verstand es nicht, sich eine Stellung zu erringen. Die Prinzessin Ulrike, die spätere Königin von Schweden, und Prinzessin Amalie behandelten sie schlecht und machten sie lächerlich. Der Prinz stand

Ein trügerisches Bild. Das Jubiläum der Silberhochzeit des preußischen Königspaares fiel in die Zeit des Siebenjährigen Kriegs und wurde stillschweigend übergangen. Es gab aber auch keine Feier anlässlich der Goldenen Hochzeit 1783. – Silberhochzeitsbild, 1758.

ihr nicht bei und vernachlässigte sie; zuletzt speisten sie nicht mehr zusammen, trafen sich aber öfter am Hof der Königin-Mutter.«

Der älteste Sohn des Paares, der inzwischen 14-jährige Friedrich Wilhelm, der am Hof seines königlichen Onkels erzogen wurde, war damit vorzeitig zum preußischen Thronfolger aufgestiegen.

Nachdem Friedrich II. seiner Schwägerin pflichtgemäß kondoliert und versichert hatte, er werde »ihre Kinder als die meinigen betrachten und … ihnen die größte Sorge angedeihen lassen«, fasste sich Elisabeth Christine ein Herz und wandte sich erstmals mit einer dringlichen Bitte an ihren Gemahl: Sie bat um die Erlaubnis, die Mutter nach Berlin einzuladen, damit sie ihrer Tochter Luise Amalie in ihrer Trauer beistehen könne. Die Königin hatte die Herzogin-Witwe Antoinette Amalie seit ihrer Hochzeit vor 25 Jahren nicht mehr gesehen. Eigentlich wäre es ein Anlass gewesen, um die Silberhochzeit zu feiern, doch daran war nach Lage der Dinge überhaupt nicht zu denken. Das Jubiläum wurde stillschweigend übergangen, auch wenn es eine Miniatur gibt, die das königliche Ehepaar abbildet, wobei Friedrich II. scheinbar zärtlich Elisabeth Christines Hand ergreift.

Am 15. Juni 1758 schrieb Elisabeth Christine: »Da meine Schwester sich in dieser Lage befindet und zudem in tiefer Trauer, so hoffe ich, Sie werden es erlauben, dass die Herzogin, meine Mutter, nach Berlin kommen und im Schlosse wohnen darf, und Sie die Gnade haben werden, Ihre Befehle zu erteilen. Ich versichere Ihnen eindringlichst, dass man nicht die mindeste Intrige machen wird; ich selbst hasse sie so, wie man sie nur hassen kann und habe mein ganzes Leben lang Abscheu vor solchen Dingen gehabt. Was die Ausgaben betrifft, so werden sie das Notwendige nicht übersteigen, und ich glaube, dass meine Mutter zufrieden sein wird, so zu leben, wie sie es gewohnt ist. Ich vermeide jede Ausgabe und beschränke mich in allem, aber die Trauer und die Reise haben mir Unkosten verursacht, obgleich ich damit so sparsam wie möglich gewesen bin. Sie dürfen auf mich zählen, dass ich nichts tun werde, was Ihnen missfallen könnte. Ihre Gnade und Güte sind mir viel zu wertvoll, und falls ich das Unglück haben sollte, sie zu verlieren, würde es sicherlich nicht meine Schuld sein. Ich empfehle mich der

Ehre und der Gnade Ihres Wohlwollens, die ich bin mit der vollkommendsten Anhänglichkeit, aller Ergebenheit und erdenklichsten Zärtlichkeit Ihre sehr ergebene, sehr gehorsame und getreue Gemahlin und Dienerin Elisabeht.«

Elisabeth Christines Wunsch wurde tatsächlich erfüllt. Friedrich II. erteilte die Erlaubnis, Antoinette Amalie für zwei Wochen nach Berlin einzuladen. Scheinbar hatte er keine Angst mehr vor irgendwelchen Intrigen der Braunschweiger Verwandtschaft. Das Herzogtum Braunschweig-Wolfenbüttel gehörte im Siebenjährigen Krieg schließlich zu den Verbündeten Preußens und hatte selbst unter französischer Besatzung zu leiden gehabt. Elisabeth Christines Bruder Ferdinand war es zudem gelungen, die Franzosen hinter den Rhein zurückzudrängen. Friedrich II. hatte also allen Grund, milde zu sein.

Am 16. Juli 1758 fielen sich Mutter und Tochter in die Arme. Lehndorff, Augenzeuge des glücklichen Wiedersehens, schrieb in sein Tagebuch: »Es fließen bei der Begrüßung viele Tränen und auch wir sind von der Szene sehr gerührt. Die Königin macht es möglich, ihren ganzen Besuch, wie auch noch die Prinzessin von Preußen, in ihrem Schönhausener Schloss unterzubringen.«

Man rückte eben zusammen, denn die Räumlichkeiten waren eher beschränkt. Im Erdgeschoss des Schlosses befanden sich die Gesellschaftsräume sowie die Schlafgemächer der Königin und ihrer Oberhofmeisterin. Nur im ersten Stock standen mehrere Schlafzimmer für die Gäste zur Verfügung, während das zahlreiche Dienstpersonal in den Dachstuben auf der zweiten Etage untergebracht wurde. Bei schönem Wetter spielte sich das Leben in Schönhausen ohnehin im Freien ab. Vom Gartensaal des Schlosses aus hatte man Zugang zu dem wunderschönen Schlosspark, den Elisabeth Christine ganz besonders liebte.

Wieder in Magdeburg

Während der zwei Wochen, die Elisabeth Christine zusammen mit ihrer Mutter verbrachte, konnte sie den Gedanken an den Krieg vielleicht noch verdrängen. Aber nach dem preußischen Sieg bei

Zorndorf im August 1758 geriet Friedrich II. immer stärker in Bedrängnis. Am 14. Oktober musste das preußische Heer bei Hochkirch eine schwere Niederlage einstecken. Elisabeth Christines jüngster Bruder Franz von Braunschweig (1732–1758) gehörte zu den zahlreichen Opfern auf preußischer Seite. Am gleichen Tag starb auch Friedrichs Lieblingsschwester Wilhelmine von Bayreuth nach längerer Krankheit mit nur 49 Jahren.

Doch es kam noch schlimmer. Am 12. August 1759 wurde Preußen bei Kunersdorf nahe Frankfurt an der Oder vernichtend geschlagen. »Mein Rock ist von Schüssen durchlöchert, zwei Pferde wurden mir getötet; mein Unglück ist, dass ich noch lebe«, schrieb Friedrich II. in tiefster Verzweiflung an einen Vertrauten. »Ich habe keine Hilfsmittel mehr, und, um nicht zu lügen, ich glaube, dass alles verloren ist; ich werde den Untergang meines Vaterlandes nicht überleben; Adieu für immer.«

Der Krieg ging auch nach dem Debakel von Kunersdorf weiter. Im März 1760 musste der Königshof erneut Zuflucht in Magdeburg suchen. Es sollte drei Jahre dauern, bis man wieder nach Berlin zurückkehren konnte. Im Oktober 1760 wurde die preußische Hauptstadt von Russen und Österreichern besetzt, wobei Letztere plündernd und brandschatzend durch die Straßen zogen und dabei auch Elisabeth Christines Schloss Schönhausen erheblich verwüsteten. Am 15. Oktober 1760 schrieb Sophie von Voß in ihr Tagebuch: »Abends war ich am Hof. Die Königin hatte eine Stafette erhalten mit der Nachricht: die Österreicher hätten Charlottenburg und Schönhausen vollständig ausgeplündert, und alle Leute, die sie in beiden Schlössern gefunden, getötet oder misshandelt, Möbel, Gemälde, Antiken und Kunstsachen in den königlichen Schlössern zerschlagen, zu den Fenstern hinausgeworfen und zertrümmert, kurz alles, was sie nicht mit fortnehmen und rauben konnten, haben sie verbrannt oder ruiniert und zerstört. Es schmerzt uns doppelt, dass alle Briefe immer wiederholten: die Russen hätten sich wie ehrliche Leute und ehrliche Feinde, die Österreicher und Sachsen dagegen, welche letztere besonders in Charlottenburg hausten, hätten sich wie Barbaren und wie gemeine Diebe benommen …« Schwachen Trost bekam Elisabeth Christine aus Braunschweig: »Sie dürfen davon überzeugt sein, dass mich die Plünderung von Schönhausen durch die Russen und Österreicher, dieses abscheuliche Volk, aufs tiefste betrübt hat …«, schrieb Elisabeth Christines Schwägerin Charlotte am 20. Oktober 1760, »die Haare haben sich mir auf dem Kopfe gesträubt, als ich den Bericht darüber hörte, wie über all den Schaden, den man dem Besitz des Königs und Eurer Majestät zufügt.«

Unterdessen musste Elisabeth Christine tatenlos in Magdeburg ausharren. Man vertrieb sich die Zeit, so gut es ging, spielte Karten, gab Gesellschaften und kleinere Feste. Aber die Nerven der Königin waren offenbar bis zum Zerreißen gespannt: »Sie ist meist galliger Laune, obwohl sie fleißig Brunnen trinkt«, notierte Lehndorff in diesen Wochen, und auch die Hofdame Sophie von Voß berichtet in ihrem Tagebuch immer wieder von der trüben Stimmung der Königin. Die schon mehrmals erwähnte Hofdame, die laut Wilhelmine von Bayreuth »schön wie ein Engel« gewesen sein soll, war als 14-Jährige 1743 in die Dienste von Königin Sophie Dorothea getreten. Später hatte sich Prinz August Wilhelm unsterblich in die hübsche Hofdame verliebt und seine Gefühle kühlten erst allmählich wieder ab, nachdem Sophie 1751 Herrn von Voß geheiratet hatte. Sophie verbrachte insgesamt 69 Jahre ihres Lebens am preußischen Königshof, zuletzt als Oberhofmeisterin der Königin Luise.

Das enge Zusammenleben und die mangelnde Abwechslung im Magdeburger Exil zehrten wohl an den Nerven aller Beteiligten. Hinzu kam, dass allmählich der Gesprächsstoff ausging. »Die Königin hat uns mit ihren Geschichten bei Tafel zur Verzweiflung gebracht – ich war ganz tot vor Langeweile«, vertraute Sophie von Voß ihrem Tagebuch an. Die Nachrichten aus dem Krieg waren kaum geeignet, die Laune zu heben. Auch wenn Friedrich II. am 3. November 1760 bei Torgau gesiegt hatte, so war die Schlacht doch das blutigste Gemetzel des ganzen Krieges gewesen. Der Preußenkönig verlor ein Drittel seiner Armee.

»Jedermann wünscht die Erhaltung ihres Lebens«

Die alternde Königin

»Ich will dann bei Ihnen soupieren« – Erste Begegnung mit Friedrich nach sieben Jahren

Noch in Magdeburg erhielt Elisabeth Christine die Nachricht, dass ihre Mutter Antoinette Amalie am 6. März 1762 gestorben war. Die Herzogin-Witwe war 66 Jahre alt geworden. Friedrich II. versuchte wieder einmal, seine Gemahlin mit philosophischer Gelassenheit zu trösten: »Madame, ich habe mit Schmerz von dem Tod Ihrer Mutter gehört. Ich spreche Ihnen meine Teilnahme daran aus; sie war betagt und kränklich und ist nun am Ziel aller Leiden angelangt, die das Erbteil der Menschheit sind und wir alle, die ein Teil davon sind, werden früher oder später den gleichen Weg gehen; eines Tages werden wir uns alle dort treffen, wenn die Rolle ausgespielt ist, die zu spielen wir in der Welt genötigt sind. Nach all dem Unglück und den schlechten Nachrichten, die uns seit sechs Jahren verfolgen, wäre es jetzt wirklich an der Zeit, bessere zu empfangen. Ich wünsche, diese Zeit käme bald, und indem ich Sie meiner vollsten Achtung versichere, bin ich, Madame, ihr ergebener Diener Federic.«

Tatsächlich hatte Friedrich II. inzwischen wieder allen Grund, etwas optimistischer in die Zukunft zu blicken. Am 5. Januar 1762 war seine erbitterte Gegnerin, die russische Zarin Elisabeth, gestorben. Ihr Nachfolger Peter III. (1728–1762), ein geborener Herzog von Holstein-Gottorp und glühender Verehrer des Preußenkönigs, löste nicht nur das Bündnis mit Österreich, sondern wechselte sogar auf die preußische Seite. Auch nach der Palastrevolution wenige Monate später, bei der Peter III. ermordet wurde, gab es kein Zurück mehr. Seine Witwe, die neue Zarin Katharina II., blieb neutral, bestätigte den Friedensvertrag ihres Vorgängers und zog alle russischen Truppen aus Ostpreußen ab. Damit war Preußen völlig unerwartet gerettet! Friedrich II. selbst hat dieses Ereignis in einem Brief an seinen Bruder Heinrich das »Mirakel des Hauses Brandenburg« genannt. Jetzt nämlich hatte die preußische Armee den Rücken im Osten frei und konnte im letzten Kriegsjahr sogar noch zwei Siege über Österreich erringen. Letzten Endes war es aber wohl weniger ein »Mirakel« gewesen, das die für Preußen glückliche Wendung gebracht hat, als vielmehr eine allgemeine Erschöpfung aller am Krieg beteiligten Parteien, die nach sieben Jahren völlig ausgelaugt waren und sich nur noch nach Ruhe und Frieden sehnten.

Während die ersten Mitglieder der Königsfamilie schon Ende 1762 nach Berlin zurückkehrten, musste Elisabeth Christine noch in Magdeburg bleiben und auf die Erlaubnis Friedrichs II. warten. Am 1. Februar 1763 traf endlich das lang ersehnte Schreiben ein, in dem es hieß: »Madame, hier erhalten sie noch zwei Garnituren Porzellan für Schönhausen. Sie können jetzt selbst dorthin mit der ganzen Familie gehen, wenn Sie wollen. Der Frieden wird in wenigen Tagen unterzeichnet werden …« Der Siebenjährige Krieg wurde am 15. Februar 1763 auf dem sächsischen Jagdschloss Hubertusburg beendet. Friedrich II. hatte seinerzeit mit dem Überfall auf Sachsen hoch gepokert – doch jetzt konnte er die Lorbeeren seines Wagemuts ernten. Preußen durfte nicht nur Schlesien behalten, es wurde mit dem Frieden von Hubertusburg sogar in den Kreis der europäischen Großmächte katapultiert und stand fortan mit Frankreich, Großbritannien, Russland und Österreich »auf Augenhöhe«. Elisabeth Christine hatte also wieder einmal allen Grund, stolz auf ihren »großen Friedrich« zu sein!

Am Tag nach der Unterzeichnung des Friedens von Hubertusburg kehrte die Königin endlich wieder nach Berlin zurück, wo ihr die Bevölkerung einen begeisterten Empfang bereitete: »Alle diese Leute bezeugen beim Anblick der Königin eine so aufrichtige Freude, dass diese mit ihren Untertanen zufrieden sein kann«, lautet Lehndorffs Tagebucheintrag vom 16. Februar 1763. Auf den triumphalen Einzug des Preußenkönigs warteten die Berliner hingegen vergeblich: »Ich komme noch nicht so bald nach Berlin«, schrieb er am 3. März an Elisabeth Christine, »allem Anschein nach erst Ende dieses Monats oder in den ersten Tagen des April. Wenn Sie wollen, will ich dann bei Ihnen soupieren, und Sie können dazu auch alle meine Brüder, Neffen und Nichten sowie die gute Frau von Camas einladen, die sich, wie ich hoffe, wohl befindet!«

Welche Freude wird dieses Schreiben Elisabeth Christine bereitet haben! Sieben (!) Jahre hatte sie den »lieben König« nicht mehr gesehen und nun würde es nur noch wenige Tage dauern, bis sie endlich wieder mit ihm zusammenkam!

Umso größer war die Ernüchterung, als Friedrich II. am 30. März 1763 tatsächlich in Berlin eintraf. Zunächst einmal waren es die Berliner, die eine große Enttäuschung zu verkraften hatten. Es gab keine Siegesfeier, Friedrich II. ging den Menschen so weit wie möglich aus dem Wege. »Niemals habe ich eine solche Niedergeschlagenheit erlebt«, schrieb Lehndorff. »Alle diese armen Bürger, die sich keine Mühe verdrießen ließen, um ihren Herrn zu empfangen, den sie seit sieben Jahren nicht gesehen, sind trostlos. Die Fenster, die seit dem frühen Morgen mit dem schönen Geschlecht besetzt waren, schließen sich, und mehr als 50 000 Menschen gehen voll Ärger und Verbitterung nach Hause.«

Die Strapazen und Erlebnisse des Krieges, der Verlust vieler guter Freunde, die auf dem Schlachtfeld gefallen waren, hatten Friedrich II. verändert und aus dem »Philosophen von Sanssouci« den »alten Fritz« gemacht, einen erschöpften und verbitterten Misanthropen, der er bis zu seinem Lebensende bleiben sollte. »Ich bin grau wie ein Esel«, schrieb der 51-Jährige, »alle Tage verliere ich einen Zahn und bin halb lahm vor Gicht.«

Doch auch an Elisabeth Christine war die Zeit nicht spurlos vorübergegangen. Ihre schlanke Taille war längst verschwunden; mit den Jahren hatte sich die Königin in eine recht füllige und etwas schwerfällige Matrone verwandelt.

Am Abend des 30. März 1763 fand im Berliner Stadtschloss das denkwürdige Wiedersehen mit dem Preußenkönig statt, das Elisabeth Christine sieben Jahre lang herbeigesehnt hatte. Lehndorff hielt diese Begegnung später in seinem Tagebuch fest: »Darauf erscheint seine Majestät. Er umarmt den Prinzen Heinrich, seinen Bruder, zärtlich, ebenso den Prinzen Ferdinand. Darauf stellt sich der Herzog Ferdinand von Braunschweig, der tags zuvor aus Magdeburg gekommen ist, dem König vor und dieser umarmt ihn mit vieler Auszeichnung. Sofort begebe ich mich zur Königin, bei der der König einen Augenblick darauf eintritt. Ihre Majestät schreitet ihm entgegen und er sagt ihr als einzige Begrüßung nach siebenjähriger Trennung: ›Madame sind korpulenter geworden‹. Daraufhin nähert er sich den Prinzessinnen und umarmt sie nacheinander.«

Allein durch diesen Satz, der mit einer knappen Verbeugung des Königs verbunden war, dürften sich alle Hoffnungen auf eine gemeinsame Zukunft endgültig in Luft aufgelöst haben. Allerdings konnte Elisabeth Christine damals noch nicht ahnen, dass es praktisch die letzten Worte überhaupt waren, die Friedrich II. an sie richten würde. Bei allen künftigen Begegnungen – und die waren ausgesprochen selten – begnügte er sich mit einer stummen Verbeugung. Lediglich ein einziges Mal in den siebziger Jahren, als sich die Königin aus gesundheitlichen Gründen nicht von ihrem Platz erheben konnte, fragte Friedrich kurz, wie es ihr ginge. Es ist bezeichnend, dass die Hofgesellschaft diese wenigen Worte mit großer Verwunderung registrierte. Alle anderen Begegnungen verliefen ähnlich wie die aus dem Jahr 1785, die uns Luise Radziwill schildert, eine Nichte des Königs und Tochter seines jüngsten Bruders Ferdinand von Preußen: »Während wir die Ankunft des Königs erwarteten, stand die Königin in ihrem Kabinett und lehnte sich an eine Kommode, da sie wegen eines Beinübels nicht ohne Schmerzen zu gehen vermochte. Der König machte an der Tür halt, um mit der Oberhofmeisterin der Königin, Frau von Kannenberg, zu sprechen. Er erkundigte sich ziemlich laut nach dem Befinden der Königin, ließ sie bitten, sich zu setzen, was sie nicht tat, und ging daraufhin mit einer Verbeugung an ihr vorüber.«

Alltägliches Hofleben

Friedrich II. war ohnehin nur noch selten in Berlin. Er verbrachte die meiste Zeit auf seinem geliebten Potsdamer Schloss Sanssouci und regelte von dort aus den Wiederaufbau des vom Krieg geschundenen Landes. Trotzdem durfte das Hofleben an der Spree nicht zum Erliegen kommen. Nach dem Tod von Sophie Dorothea oblag es jetzt Elisabeth Christine als ranghöchster Vertreterin der Königsfamilie, die gesellschaftlichen Verpflichtungen zu übernehmen, Empfänge, Soiréen und Konzerte zu geben. Deshalb musste sie sich auch während der Sommermonate häufiger als es ihr lieb war, im Berliner Stadtschloss aufhalten. Hier stand ihr im zweiten Stock eine große Wohnung zur Verfügung, zu der neben ihren persönlichen Räumen auch Speise- und Empfangszimmer sowie ein Cour- und Konzertsaal gehörten. Interessanterweise stellten die Gemächer der Königin das eigentliche Zentrum des höfischen Lebens dar.

Eine wichtige Quelle zum Berliner Hofleben ist die *Königlich Privilegierte Berlinische Zeitung*, die während der gesamten Regierungszeit Friedrichs des Großen über die verschiedenen Veranstaltungen im Schloss ebenso sachlich wie zuverlässig Bericht erstattet. Rund 70 Empfänge hatte Königin Elisabeth Christine pro Jahr zu bewältigen. Friedrich II. aber nahm nie daran teil. Das Königspaar sah sich nur dann, wenn die gesellschaftlichen Ereignisse in seiner eigenen Wohnung stattfanden, und das war selten genug. Waren sich Friedrich und Elisabeth Christine im Jahr 1750 noch 19 Mal bei offiziellen Anlässen begegnet, so wurden die Zusammenkünfte nach dem Siebenjährigen Krieg immer rarer. 1764 trafen sie einander noch 14 Mal, 1782 nur noch fünfmal. Private Begegnungen fanden nachweislich überhaupt nicht mehr statt.

Elisabeth Christine gab für die in Berlin weilenden Mitglieder der Königsfamilie und den Hofadel mindestens einen Empfang pro Woche. Die preußischen Prinzen schauten jedoch nur sporadisch vorbei. Während sich Heinrich und Ferdinand, die Brüder des Königs, vorwiegend auf ihren Sommersitzen aufhielten, musste der junge Thronfolger Friedrich Wilhelm stets an der Seite seines königlichen Onkels in Potsdam bleiben. In Berlin lebten dann außer Elisabeth Christine nur noch ihre Schwester Luise Amalie, ihre Schwägerin Wilhelmine, die Gemahlin des Prinzen Heinrich sowie Prinzessin Amalie.

Die Königin befand sich protokollarisch gesehen in einer äußerst merkwürdigen Position. Zwar war sie die ranghöchste Frau am Berliner Hof, doch weil Friedrich sie so radikal aus seinem

Gesichtskreis verbannte, kam den anderen Mitgliedern der Königsfamilie de facto eine höhere Stellung zu. Selbst ihre eigenen Hofdamen, wie Frau von Camas, wurden hin und wieder in Friedrichs Lustschloss nach Potsdam eingeladen, während Elisabeth Christine Sanssouci nur von außen gesehen hat.

So oft es ging, lebte die Königin auch weiterhin auf ihrem geliebten Schloss Schönhausen. Die Schäden und Verwüstungen, die Russen und Österreicher im Siebenjährigen Krieg angerichtet hatten, waren zum Glück bald beseitigt. Friedrich II. stellte seiner Gemahlin sogar einen größeren Geldbetrag zur Verfügung, mit dem sie nicht nur die Renovierungsarbeiten finanzieren konnte, sondern auch genügend Mittel hatte, um die Nebengebäude instand setzen zu lassen. Trotzdem scheint der Platz auch weiterhin beschränkt gewesen zu sein, wenn sie auf Schönhausen residierte. Allein ihr eigener Hofstaat umfasste 80 Personen! Hinzu kamen immer wieder Gäste. 1771 stellte Lehndorff erstaunt fest: »Die Königin bringt es fertig, eine unglaublich zahlreiche Gesellschaft in ihrem kleinen Schlosse zu beherbergen. Ich staune manchmal, wenn ich diese vielen Personen in den Gesellschaftssaal kommen sehe, die unter diesem Dache wohnen.« Bei alledem musste Elisabeth Christine äußerst sparsam sein. Lehndorff lästerte einmal, schon eine Zitrone zu viel bringe das Budget der Königin für Monate durcheinander. Der Franzose Dieudonné Thiebaud, der mehrere Jahre als Gast Friedrichs II. in Berlin lebte und 1768 auch bei Elisabeth Christine zu Gast war, schrieb in seinen Aufzeichnungen: »Es ist wahr, dass die Königin äußerst sparsam war … Sie gab die gewohnten Soupers, aber man trug Sorge, die Tafel mit allerhand Schaustücken zu beladen, wodurch es nur weniger Schüsseln bedurfte. Darum verfehlten auch alle die, welche die Ehre hatten, bei ihr zu speisen, nicht, es noch einmal zu tun, sobald sie sich zurückziehen durften.«

Dabei bemühte sich Elisabeth Christine durchaus redlich, ihre leere Haushaltskasse zumindest ein wenig aufzufüllen – indem sie ins »Seidengeschäft« einstieg. Auf einem Grundstück in der nahe gelegenen Schölzhauser Heide, das ihr seit 1751 gehörte, hatte sie zwei Jahre später eine Obst- und Maulbeerplantage anlegen lassen. Die exotischen Maulbeerbäume waren damals in ganz Preußen zu finden, denn ihre Blätter dienten als Nahrung des Seidenspinners, einer aus China stammenden Raupenart. Es ist bekannt, dass Johann Wolfgang von Goethe und Herzog Karl August von Sachsen-Weimar auf ihrer Durchreise im Mai 1778 auch die königliche Seidenraupenzucht besichtigt haben. Nicht bekannt ist hingegen, ob das Geschäft tatsächlich den von Elisabeth Christine erhofften Gewinn abwarf – aller Wahrscheinlichkeit aber nicht. Schon der Philosoph und Universalgelehrte Gottfried Wilhelm Leibniz (1647–1716), der 1700 vom späteren Preußenkönig Friedrich I. zum Präsidenten der Berliner Akademie der Wissenschaften ernannt worden war, hatte seinerzeit vergeblich gehofft, die neu gegründete Institution mit der Zucht von Seidenraupen finanzieren zu können.

»Sie warteten Stunde um Stunde« – Die Hochzeit des Kronprinzen

Elisabeth Christine war schon immer ein »Familienmensch« gewesen, stets um das Wohl ihrer Eltern und Geschwister, Nichten und Neffen besorgt. Das latente Misstrauen Friedrichs II., der lange Zeit geglaubt hatte, sie würde die innigen Familienbande zu »Intrigen aller Art« nutzen, war völlig umsonst gewesen. Dazu war Elisabeth Christine viel zu loyal, wahrscheinlich aber auch in dieser Hinsicht etwas zu naiv. Sie wünschte sich lediglich, dass die beiden Fürstenhäuser – Preußen und Braunschweig-Wolfenbüttel – noch enger zusammenrücken sollten. Deshalb freute sie sich, als Friedrich II. ihre Braunschweiger Nichte Elisabeth, die Tochter des Herzogs Karl I., als Ehefrau für den 20-jährigen Kronprinzen Friedrich Wilhelm ausgewählt hatte. Die 1746 geborene Elisabeth war eine Frau so ganz nach dem Geschmack des Preußenkönigs, hübsch, geistreich und intelligent.

Eigentlich schien Kronprinz Friedrich Wilhelm noch recht jung für die Ehe zu sein, aber auch Friedrich II. war seinerzeit kaum älter gewesen, als er Elisabeth Christine heiraten musste. Allem Anschein nach ging es ihm nicht zuletzt darum, das turbulente Liebesleben seines flatterhaften Neffen in geregelte Bahnen zu lenken. Außerdem sollte die Thronfolge so früh wie möglich gesichert werden.

Anfang Juli 1764 erfolgte der erste Schritt. Elisabeth von Braunschweig-Wolfenbüttel kam zusammen mit ihren Eltern nach Berlin, um sich mit ihrem Cousin, dem Prinzen von Preußen, zu verloben. Elisabeth Christine und selbst die Mutter Friedrich Wilhelms wussten zu diesem Zeitpunkt allerdings noch nicht, ob auch sie an der Feier teilnehmen durfte. Friedrich II. beliebte wieder einmal, seine Macht auszuspielen, Gemahlin und Schwägerin im Ungewissen zu lassen. »Die Königin ist noch im Ungewissen, ob sie eingeladen wird«, notierte Lehndorff, »und darum in großer Aufregung, ebenso die Prinzessin von Preußen, der man noch nicht einmal eine Mitteilung über die beabsichtigte Heirat ihres Sohnes hat zukommen lassen.« Das quälende Warten zog sich hin. Am 6. Juli 1764 heißt es in Lehndorffs Tagebuch: »Sie warteten Stunde um Stunde ab und sind noch heute, wo jene Herrschaften nach Charlottenburg kommen, ohne Einladung. Die Königin befindet sich in einem Zustand heftiger Erregung, während die gute Prinzessin von Preußen alles ruhig hinnimmt.« So mussten sich Elisabeth Christine und ihre Schwester weiterhin auf Schloss Monbijou aufhalten, so wie es Friedrich II. angeordnet hatte. Erst einen Tag später besann sich der Preußenkönig dann doch noch der beiden einsamen Damen und beendete gnädig den quälenden Zustand zwischen Hoffen und Bangen: »Die Königin ist in Monbijou voller Verzweiflung, dass sie noch keine Einladung hat«, schrieb Lehndorff am 15. Juli. »Endlich kommt um 11 Uhr ein Leibjäger und überbringt ihr die angenehme Nachricht, dass sie am folgenden Tage mit der Prinzessin von Preußen zum Dinner erscheinen und in Charlottenburg Wohnung nehmen soll. Darob große Freude.« So durften Elisabeth Christine und ihre Schwester dann doch noch die Verlobung miterleben und dem jungen Brautpaar alles Gute für die Zukunft wünschen. Die Hochzeit des Kronprinzen fand im Jahr darauf, am 14. Juli 1765, wiederum auf Schloss Charlottenburg statt.

Doch Preußen wartete vergeblich auf die Geburt eines Thronfolgers, denn das Kind, das Kronprinzessin Elisabeth knapp zwei Jahre später, am 6. Mai 1767, zur Welt brachte, war ein Mädchen. Als die Kleine am 17. Mai in Potsdam auf den Namen Friederike getauft wurde, war Elisabeth Christine schon wieder nicht eingeladen: »Die arme Königin, die einige Hoffnung hatte, bei dieser wichtigen Gelegenheit berücksichtigt zu werden, sieht sich zurückgesetzt«, schrieb Lehndorff nicht ohne Mitleid. »Es geht ihr immer wie Moses: Sie sieht das gelobte Land von ferne, ohne je hinzukommen. Sie tröstet sich mit ihrem Schönhausen, wo sie immer hinflüchtet, wenn sie verstimmt ist.«

Dass Elisabeth Christine hin und wieder einmal die Beherrschung verlor und ihrem Dienstpersonal gegenüber »brutal« und aufbrausend reagierte, ist angesichts dieser ständigen Demütigungen nicht verwunderlich. Inzwischen muss sie selbst gemerkt haben, dass sie nichts weiter war als eine Schachfigur, die der König nach Belieben – und obendrein völlig willkürlich – so platzierte, wie es ihm gerade gefiel.

»Schreckliche Vorgänge im Hause des Prinzen von Preußen«

Es dauerte nicht lange, da machten in Berlin böse Gerüchte die Runde. Kronprinzessin Elisabeth, so hieß es, habe einen heimlichen Liebhaber! Skandal! Dass Friedrich Wilhelm regelmäßig das Bett mit der Bürgerlichen Wilhelmine Encke teilte, schien niemanden zu interessieren. Aber dass sich seine Gemahlin erdreistete, Gleiches mit Gleichem zu vergelten, sorgte für heftige Empörung. Erschüttert schrieb Charlotte von Braunschweig-Wolfenbüttel im September 1768 an ihren königlichen Bruder: »Sie können sich nicht den unendlichen Schmerz vorstellen, den ich empfinde, wie ich von Ihnen die empörenden Umstände erfahre über das schlechte Benehmen meiner Tochter. Ich bin verzweifelt, dass sie sich so weit vergessen hat, sich zu so großer Niedrigkeit und Unwürdigkeit hinreißen zu lassen, die sie entehren und die ein ewiger Flecken auf dem Ehrenschild der Familie sein werden. Ich begreife nicht, wo sie diese schlimmen Neigungen her hat, für die sie niemals Beispiele gesehen hat.« Noch deutlicher wurde Graf Lehndorff, der im November 1768 seinem Tagebuch Folgendes anvertraute: »Nach meiner Rückkehr aus Paris bekomme ich von den schrecklichen Vorgängen im Hause des Prinzen von Preußen zu hören. Ein junger Musiker namens Pietro ist Gegenstand aller Geschichten, die man von der Prinzessin von Preußen zu erzählen weiß. Das Volk war so entrüstet, dass es laut schrie, man solle sie fortschicken und dem Prinzen eine andere Frau geben.«

Die moralische Entrüstung der Berliner hatte natürlich einen guten Grund. Während die männlichen Mitglieder des Königshauses ihren sexuellen Bedürfnissen freien Lauf lassen konnten – in der Regel nur vor, aber oft genug auch während der Ehe –, erwartete man von ihren Frauen unbedingte Treue. Schließlich wollte man sicher gehen, dass auch das »richtige blaue Blut« in den Adern der Nachkommen floss. Lehndorff schrieb weiter: »Die Sache mit der Prinzessin von Preußen wird immer schlimmer; sie wird jetzt fortwährend beobachtet und wagt ohne die Königin oder die Prinzessin-Witwe keinen Schritt zu tun. Viele glauben, dass sie fortgeschickt wird. Der berüchtigte Pietro ist verhaftet und nach Magdeburg gebracht worden. Man hat Briefe gefunden, die alles beweisen, wessen man die Prinzessin anklagt.«

Elisabeth Christine hat zu dem »Fall« nicht öffentlich Stellung bezogen. Es scheint allerdings, als habe sie versucht, bei Friedrich II. ein gutes Wort für ihre Nichte einzulegen. Doch auch der Preußenkönig selbst war unsicher. Er mochte die Kronprinzessin noch immer gut leiden, aber nachdem der Skandal zunehmend weitere Kreise zog und schließlich Friedrich Wilhelm ebenfalls auf Scheidung bestand, blieb dem König wohl keine andere Wahl, als die Ehe des Thronfolgers im April 1769 aufzulösen. Die ehemalige Kronprinzessin musste Berlin umgehend verlassen und wurde zunächst nach Küstrin, später dann nach Stettin verbannt, wo sie erst 1840 im hohen Alter von 96 Jahren starb.

Friederike, die gemeinsame Tochter des geschiedenen Paares, wurde der Obhut ihrer Großmutter Luise Amalie anvertraut. Friedrich Wilhelm aber heiratete nur wenige Monate später eine weitere Frau, die ihm sein königlicher Onkel ausgesucht hatte. Doch auch mit Friederike Luise von Hessen-Darmstadt führte er eine leidenschaftslose Ehe, aus der trotzdem sieben Kinder hervorgingen, darunter der spätere Preußenkönig Friedrich Wilhelm III.

Mit der Scheidung des Thronfolgerpaares war der peinliche Skandal beigelegt und am Hohenzollernhof kehrte allmählich wieder Ruhe ein. Im Juli 1770 kam Friedrichs Schwester Ulrike, die Königin von Schweden, zu Besuch nach Berlin, um dort ihren 50. Geburtstag zu feiern. Am 24. Juli wurde zu ihren Ehren ein großes Diner im Berliner Schloss gegeben, zu dem ausnahmsweise auch Elisabeth Christine eingeladen wurde. Allerdings hatte man ihr einen Platz an der Festtafel zugewiesen, der weit vom König und seiner Schwester entfernt war. Vielleicht entging ihr deshalb auch die grobe Beleidigung, die Lehndorff an diesem Abend aus dem Munde des Königs hörte und danach in seinem Tagebuch festhielt. Als Friedrich II. mit Ulrike über die anwesenden Gäste sprach, deutete er auf Elisabeth Christine und sagte: »C'est ma vieille vache que vous conaissez déjà« – »Das ist meine alte Kuh, die Sie ja bereits kennen.« Was wohl der Scherz eines alten Zynikers sein sollte, war nichts weiter als eine beispiellose Herabsetzung der Königin und durch nichts zu entschuldigen.

Doch Lehndorff selbst dürfte dem Preußenkönig heimlich zugestimmt haben, was dessen Einschätzung von Elisabeth Christine betraf. 1771 schrieb er in sein Tagebuch: »Da ist zunächst die Königin, die trotz ihrer Leibesfülle niemals auf demselben Platz bleibt. Sie erscheint deshalb abends immer so erschöpft, dass man glauben könnte, sie habe die Wassersucht und schläft an der Tafel immer ein. Sie ist fast stets schlechter Laune, spricht gern von sich selbst und mag keine andere Unterhaltung leiden als die, die sich um Schönhausen dreht, wo sie dann erzählen kann, was sie alles angeordnet und verrichtet hat.«

Lehndorff blieb noch bis 1775 als Kammerherr in den Diensten von Elisabeth Christine. Nach 30 Jahren verließ er Berlin, um sich zusammen mit Frau und Kindern dauerhaft auf dem ostpreußischen Familienstammsitz Schloss Steinfort niederzulassen. In seinen privaten Tagebuchaufzeichnungen hat er kein besonders günstiges Licht auf Königin Elisabeth Christine geworfen, doch später, im Abstand von zehn Jahren, urteilte er milder: »Heute, 1785, da ich

Trotz körperlicher Beschwerden erfreute sich Elisabeth Christine bis ins hohe Alter unverminderter geistiger Frische. Sie las viel, pflegte eine umfangreiche Korrespondenz und übersetzte religiöse Texte ins Französische. – Gemälde von Christian Friedrich Reinhold Lisiewski, um 1770. Sammlung E. Werner d. Johanniter-Ordens, Berlin.

diese Charakterbilder wieder nachlese und unparteiisch denke, finde ich, dass ich zu stark aufgetragen habe und dass mein Geist damals verbittert und von Hass erfüllt war.« Kein Wunder, denn Lehndorff war ein umfassend gebildeter junger Mann gewesen, als er an den Berliner Königshof kam. Er hatte sich wohl Hoffnungen auf eine seinen Fähigkeiten entsprechende Karriere gemacht und fühlte sich in seiner Stellung als Kammerherr der Königin hoffnungslos unterfordert. Elisabeth Christine mag keine Intellektuelle gewesen sein, doch so dümmlich und langweilig wie Lehndorff sie mitunter skizziert, war die Königin nicht. Sie engagierte sich im sozialen Bereich, beschäftigte sich mit der deutschen Literatur, las mit Vorliebe die Werke von Christian Fürchtegott Gellert (1715–1769) und stand in Kontakt zu dem Berliner Schriftsteller Friedrich Nicolai (1733–1811), einem Vertreter der deutschen Aufklärung. Häufiger lud Elisabeth Christine auch die bekannte Porträtmalerin Anna Dorothea Therbusch (1721–1782) zu sich ein, die mehrere Mitglieder der Hohenzollernfamilie gemalt hat. Aber am Berliner Hof war offenbar niemandem daran gelegen, diese Seite von Elisabeth Christine gebührend zu würdigen. Hinzu kommt, dass der Königin die Gabe fehlte, über das Gehörte und Gelesene auch geistreich und redegewandt zu parlieren, sodass es offenbar nicht schwer war, sie als langweilig und ungebildet abzuqualifizieren.

»Die Königin war sehr krank«

Wenn in den Aufzeichnungen der Zeitgenossen immer wieder von der »schlechten Laune« der Königin die Rede ist, dann lag das wohl auch daran, dass Elisabeth Christine in fortgeschrittenem Alter massive gesundheitliche Probleme hatte. Die Hauptursache war vermutlich ein schmerzhaftes Unterschenkelgeschwür, im Volksmund auch »offenes Bein« genannt. Eine schlimme Entzündung der Wunde hatte offenbar zur Folge, dass man die 58-jährige Königin sogar zeitweise am Rand des Todes glaubte. Kronprinzessin Friederike Luise war jedenfalls besorgt: »Die Königin leidet ernstlich seit Sonntag an einem Beinübel«, schrieb sie im Dezember 1773 an ihre Mutter, »sie war sehr krank; die Rose hat sich an der Wunde ihres Beins gebildet, dazu hat die fliegende Gicht ihr unerträgliche Schmerzen verursacht und damit auch eine Art von Fieber, sodass wir alle für ihr Leben fürchteten. Sie hatte keinen Schlaf, auch die letzte Nacht nicht. Sie bat, mich mit meinen Töchtern vor unserer Abreise noch sehen zu können; wir waren eine Stunde bei ihr. Ich fand ihr Auge klar und ihre Stimme kräftig, sodass ich sie, am zehnten Tage, für gerettet halte. Jedermann wünscht die Erhaltung ihres Lebens.«

Doch das »Beinübel« erwies sich als überaus hartnäckig und machte Elisabeth Christine weiterhin zu schaffen. Im Sommer 1776 sorgte sich selbst Friedrich II. um das Leben seiner Gemahlin und wandte sich an den königlichen Leibarzt Friedrich Hermann Ludwig Muzell (1715–1784), der auch an der Berliner Charité wirkte. Er schrieb dem Mediziner folgende Mitteilung: »Ich erfahre mit außerordentlichem Schmerze, mein Herr, dass Ihre Majestät die Königin krank ist und dass ihre Krankheit beunruhigend und schwer werden könnte, wenn man nicht dagegen ein schnelles Heilmittel anwendet. Ich empfehle Ihnen daher, sie ohne Aufschub zu besuchen und sich mit den beiden anderen Ärzten zu verbinden, um ihr all diejenigen Heilmittel zu geben, zu denen Sie nach Ihrer Einsicht und Weisheit Vertrauen haben. Denken Sie daran, dass es sich um die teuerste und notwendigste Person für den Staat, für die Armen und für mich handelt.«

Es fällt auf, dass Friedrich II. in seinem Schreiben eigens Elisabeth Christines Engagement »für die Armen« betont. Tatsächlich unterstützte die Königin bedürftige Kleinbauern, die in der Nachbarschaft ihres Schlosses Schönhausen lebten. Diese so genannten *Kossäten* besaßen gewissermaßen zu wenig zum Leben und zu viel zum Sterben. Sie hatten ein kleines Häuschen und ein wenig Gartenland, waren aber meist gezwungen, sich zusätzlich als Tagelöhner zu verdingen, um ihr schmales Einkommen etwas aufzubessern. Durch finanzielle Zuwendungen der Königin aber bekamen sie die Chance, ein Stück Ackerland zu erwerben und damit auch die nötige ökonomische Basis, um heiraten und eine Familie gründen zu können.

Doch den Kleinbauern blieb ihre Wohltäterin glücklicherweise erhalten. Schließlich alarmierte Friedrich II. auch seinen Leibarzt Christian Andreas von Cothenius (1708–1789), der bei Elisabeth Christine eine beginnende »Wassersucht« diagnostizierte, ein Begriff, der damals üblicherweise eine Herzinsuffizienz umschrieb. Dank – oder trotz – der ärztlichen Fürsorge, wahrscheinlich aber eher aufgrund ihrer robusten Konstitution, erholte sich die Königin schließlich wieder. Das Wissen der Mediziner war damals noch sehr beschränkt, denn nach wie vor galt der Aderlass als übliches Allheilmittel – ganz gleich, ob bei Verstopfung, Zahnschmerzen oder Geschwüren. Man war der irrigen Meinung, der Mensch dürfe nicht zu viel Blut haben, und so wurden Patienten zur Ader gelassen, um sie vom »überflüssigen und schlechten Blut« zu befreien. Das war am aufgeklärten preußischen Königshof nicht anders.

Elisabeth Christine als Übersetzerin

Das »Beinübel«, das die Königin bis zu ihrem Tod quälte, machte sie zunehmend immobil. Ausgedehnte Spaziergänge wurden immer anstrengender, viel lieber saß Elisabeth Christine jetzt wieder ruhig an ihrem Schreibtisch, um sich zu beschäftigen. Ihre langjährige Oberhofmeisterin Gräfin von Camas hatte der Königin einmal ein Buch geschenkt, das den bezeichnenden Titel *Der Christ in der Einsamkeit* trug. Die alte Gräfin war schon 1766 hoch betagt gestorben, seitdem fungierte Charlotte von Kannenberg als Oberhofmeisterin der Königin. Vielleicht war die schwere Krankheit, die Elisabeth Christine 1775 durchmachen musste, der Anlass gewesen, sich intensiv mit religiöser Erbauungsliteratur zu beschäftigen und das oben genannte Werk des protestantischen Theologen Karl Friedrich Bahrdt (1741–1792) ins Französische zu übersetzen. Die Arbeit machte ihr große Freude und half ihr sogar ein wenig über die schlimmen Schmerzen hinweg. Im Jahr 1776 erschien in einem Berliner Verlag ihre Übersetzung *Le chrétien dans la solitude.* Der Band umfasste 222 Seiten und enthielt eine zwölfseitige Widmung an Ferdinand von Braunschweig, den Bruder der Königin. Bis 1784 folgten noch weitere Übersetzungsarbeiten religiöser Erbauungsliteratur, darunter *Gedanken und Betrachtungen zum Jahreswechsel*, die dazu anregen sollten, selbst im großen Unglück nicht zu verzagen, sondern weiterhin auf die Allmacht und Güte Gottes zu vertrauen. Elisabeth Christine wagte sich sogar an die schwierige Übersetzung mehrerer Kirchenlieder von Christian Fürchtegott Gellert, dessen bekanntestes Werk *Die Himmel rühmen* später von Beethoven vertont wurde.

Ob auch Friedrich II. die Arbeiten seiner Gemahlin besaß und ob er je eine davon gelesen hat, ist nicht bekannt, aber doch höchst unwahrscheinlich. In seiner Bibliothek hat man jedenfalls keine Exemplare davon gefunden. Aber religiöse Werke entsprachen sowieso nicht seinem Geschmack. Mit der tiefen Frömmigkeit seiner Gemahlin konnte der Preußenkönig nichts anfangen. Als Anhänger der englischen und französischen Vertreter der Aufklärung sympathisierte er mit einer rationalistischen Deutung der Welt. Allerdings zweifelte er nicht daran, dass das Leben der Menschen trotz allen scheinbaren Widersinns durch eine höhere Vernunft geordnet war. Ein Atheist ist Friedrich II. nie gewesen. Zwar hat er oft die christlichen Konfessionen und ihre Repräsentanten verspottet und heftig kritisiert, nie aber die Existenz eines göttlichen Wesens geleugnet. Er nahm in dieser Frage den Standpunkt der Agnostiker ein: »Ich demütige mich schweigend vor diesem anbetungswürdigen Wesen, indem ich meine Unwissenheit über seine Wege bekenne«, hatte er einmal an seine Schwester Amalie geschrieben.

Eine neue Aufgabe

Am 13. Januar 1780 starb Elisabeth Christines Schwester Luise Amalie nach kurzer Krankheit. Wieder hatte die Königin eine langjährige Vertraute und Leidensgefährtin verloren, doch gleichzeitig wartete eine neue Aufgabe auf sie: »Madame, ich spreche Ihnen mein Beileid zum Tod Ihrer Schwester, meiner Schwägerin, aus, die wir eben verloren haben«, schrieb Friedrich II. wenige Tage später. »Ihre Tugenden verdienen, dass wir sie betrauern, aber wir können sie damit nicht wieder lebendig machen. Wir haben da das arme Kind, das bei ihr war; es kann ein Asyl nunmehr bei Ihnen finden. Sie würden mir eine große Freude machen, wenn Sie Ihre Erziehung übernehmen wollten, wie es ihre Großmutter bisher getan hat. Sie werden leicht die Gründe erraten, die mich veranlassen, die Angelegenheit in diesem Sinne zu ordnen. Die Räume im Schloss werden keine Schwierigkeiten bieten, und man könnte vorgehen, dass es Ihre Neigung zu der verstorbenen Prinzessin ist, wenn Sie die übernehmen, die sie zurücklässt. Ich bin, mit aller Achtung, Madame, Ihr sehr ergebener Diener Federic.«

Das »arme Kind« war die inzwischen knapp 13-jährige Friederike, Tochter des Kronprinzen und der »schlimmen Elisabeth«, also die Großnichte der Königin. Mit 64 Jahren war Elisabeth Christine unverhofft also doch noch »Mutter« geworden. Auch die Braunschweiger Großmutter begrüßte die einvernehmliche Lösung, die sie selbst so vorgeschlagen hatte: »Es beruhigt mich, dass Eure Majestät meine Antwort an den König wegen der Prinzessin Friederike gutheißen«, schrieb Charlotte am 28. Januar 1780 an Elisabeth Christine. »Obgleich es den Anschein hat, als ob sie ein vortreffliches Naturell hätte, so wird doch die Fürsorge Ihrer Majestät und eine gute Erziehung, bei der sie nur gute Beispiele zu sehen bekommt, bei ihrer Jugend alles tun. Das letzte Mal, dass ich sie sah, fand ich sie recht liebenswürdig, sie scheint eine große Herzensgüte zu besitzen und der Freundschaft zugänglich zu sein. Ich fürchte, ich würde mich zu sehr an sie attachieren, wenn ich sie zu oft sehe.«

Es hat aber eher den Anschein, als sei Charlotte heilfroh gewesen, Friederike nicht nach Braunschweig holen zu müssen. Wahrscheinlich hätte sie das junge Mädchen zu sehr an ihre eigene Tochter Elisabeth erinnert, die in der Familie schon längst zur *persona non grata* geworden war, deren Name nicht mehr erwähnt werden durfte.

Elisabeth Christine aber war glücklich, dass man ihr Friederike zur Erziehung anvertraut hatte. Da das junge Mädchen allmählich ins heiratsfähige Alter kam, sah sich die Preußenkönigin bereits nach einem passenden Bräutigam für Friederike um. Am liebsten wäre ihr wohl eine Verbindung mit dem dänischen Königshaus gewesen, denn Elisabeth Christines jüngste Schwester, die 1729 geborene Juliane Marie, hatte Friedrich V. von Dänemark geheiratet und mittlerweile auch schon Enkelkinder im fast heiratsfähigen Alter. Aber diese Pläne zerschlugen sich.

So kümmerte sich Elisabeth Christine weiterhin liebevoll um ihre junge Großnichte, bis Friederike 1791 mit dem englischen Prinzen Friedrich von York verheiratet wurde, dem zweiten Sohn Georgs III. Doch diese Ehe brachte dem »armen Kind« kein Glück. Ihr Gemahl verließ sie schon nach kurzer Zeit, um mit seiner Mätresse zusammenzuleben. Kinder hatte Friederike keine. Sie starb 1820 im Alter von 53 Jahren.

Doch zurück ins Jahr 1780. Kaum hatte Elisabeth Christine den Schmerz um den Tod ihrer Schwester ein wenig verwunden, da starb am 26. März 1780 ihr ältester Bruder, Herzog Karl I. von Braunschweig-Wolfenbüttel. Ganz überraschend kam die Nachricht nicht. Karl war schon vor geraumer Zeit seines Lebens und der schweren Bürde seines Amtes müde geworden und hatte immer mehr Regierungsaufgaben auf seinen Sohn Karl Wilhelm Ferdinand übertragen, den jetzt neuen Herzog von Braunschweig-Wolfenbüttel. Und schließlich meldete man Elisabeth Christine auch noch den Tod ihrer Cousine, der Kaiserin-Witwe Maria Theresia, die am 29. November 1780 im Alter von 63 Jahren gestorben war. Allzu eng war der Kontakt natürlich nicht gewesen, das hätte schon Friedrich II. zu verhindern gewusst. Jetzt aber schrieb der Preußenkönig diplomatisch-versöhnlich: »Ich habe den Tod der Kaiserin-Königin bedauert; sie hat ihrem Thron und ihrem Geschlecht Ehre gemacht; ich habe mit ihr Krieg geführt, aber ich war nie ihr Feind.«

Friedrich II. lebte nach wie vor vorwiegend in Potsdam. Im Park von Sanssouci ließ er damals neue Wege und eine Reihe reizvoller kleiner Bauten errichten: einen Freundschaftstempel zum Andenken an seine verstorbene Schwester Wilhelmine, ein chinesisches Teehaus im graziös verspielten Rokokostil sowie den Antikentempel, in dem Statuen aus dem Altertum und die königliche Münzsammlung aufbewahrt wurden. Damit erhielt der Park den Charakter einer idyllischen und großzügigen Naturanlage, der ihm noch heute zu eigen ist.

Doch es wurde zunehmend einsam um den »alten Fritz«. Immer seltener kamen Gäste nach Sanssouci, denn der Preußenkönig war zum verbitterten Misanthropen geworden, der sein äußeres Erscheinungsbild vernachlässigte und die Gesellschaft seiner Hunde der anderer Menschen vorzog. Anstatt wie früher eine illustre Tafelrunde auf Sanssouci zu versammeln, ging er jetzt allein mit seinen Windspielen im Schlosspark spazieren. Ein nicht namentlich bekannter Zeitgenosse beschrieb den »alten Fritz« damals folgendermaßen: »Er war von kleinem Wuchs und ging sehr gebeugt an einem Krückstock. Er trug einen ziemlich abgenutzten blauen Rock, eine Weste von gelbem Tuch, sehr weite und schmutzige Stiefel, die ihm über die Knie gingen. Ferner trug er eine ziemlich schlecht frisierte Perücke mit einem langen Zopf und einem einfachen Hut mit Federn, die vom Alter grau geworden waren. So kleidete er sich das ganze Jahr außer bei großen Festlichkeiten an seinem Hof. Er verbrauchte viel Tabak; sein Gesicht und seine Kleidung waren immer davon bedeckt.«

Elisabeth Christine sah den König nur noch ganz selten, freute sich aber umso mehr, wenn sie zumindest einen Brief von ihm erhielt. Am 14. September 1781 schrieb ihr Friedrich II. sogar ganz ungewöhnlich persönliche Zeilen: »Madame, ich bin Ihnen sehr verbunden für die Teilnahme, die Sie für die Existenz eines wandelnden alten Leichnams haben, der notwendig bald seinem Ende entgegengeht. Dieses Jahr ist sehr schön; der Sommer wie der Herbst übertreffen alle Sommer und Herbste, die ich in diesem Lande erlebt habe. Man muss ohne Zweifel daraus Nutzen ziehen, denn das schlechte Wetter überwiegt die schöne Zeit, die wir in diesem Klima genießen, und wenn die Jahreszeit es erlaubt, so ist Schönhausen immer der Stickluft vorzuziehen, die man in Berlin einatmet. Ich wünsche Ihnen die beste Gesundheit, Madame, und dass Sie der Hochachtung Gerechtigkeit widerfahren lassen, mit der ich bin, Madame, ihr ergebener Diener Federic.«

»Der Tod unseres großen Königs«

Die Königin-Witwe

Trauer um Friedrich II.

Auch wenn die Briefe, die Elisabeth Christine von ihrem Gemahl erhielt, jetzt eher freundlich und nicht mehr im kühlen Befehlston gehalten waren, so änderte das rein gar nichts an der unüberbrückbaren Distanz des Königspaares. Es gab keine Feier anlässlich der Goldenen Hochzeit im Juni 1783; selbst die übliche Gedenkmünze durfte auf Anordnung Friedrichs nicht geprägt werden. Friedrich II. wünschte Elisabeth Christine von Potsdam aus lediglich gute Besserung, »denn ich weiß, dass Ihre Beine Ihnen in der letzen Zeit viele Unannehmlichkeiten verursacht haben …«

Die letzte persönliche Begegnung des Königspaares fand am 18. Januar 1785 statt, dem 59. Geburtstag des Prinzen Heinrich. Danach sah Elisabeth Christine ihren Gemahl nie mehr wieder. Zwar kam Friedrich im September des Jahres noch einmal zu einer Truppenschau nach Berlin, machte aber natürlich keinen Abstecher nach Schloss Schönhausen.

Die letzten Monate seines Lebens siechte der Preußenkönig nach einem schweren Schlaganfall nur noch dahin, gepeinigt von Atembeklemmungen und schweren Hustenanfällen, die ihm den nächtlichen Schlaf raubten. Die meiste Zeit verbrachte er in seinem Lehnstuhl, weil er aufgrund der Beschwerden nicht mehr ausgestreckt im Bett liegen konnte. Der letzte Brief, den er an Elisabeth Christine diktierte, lautete kurz und knapp: »Gnädige Frau, ich bin Ihnen sehr für die Wünsche verbunden, welche Sie geruhen, auszusprechen. Aber ein heftiges Fieber hat mich befallen und hindert mich, Ihnen zu antworten.« So starb Friedrich II. am 17. August 1786 in seinem Arbeitszimmer auf Schloss Sanssouci im Alter von 74 Jahren.

Elisabeth Christine wurde die Todesnachricht unverzüglich nach Schloss Schönhausen überbracht, wo sich schon bald die ersten Besucher einfanden, um der Königin zu kondolieren. Zu ihnen gehörte auch Luise Radziwill, die später in ihren Erinnerungen schrieb: »Nun fuhren wir alle nach Schönhausen, um der Königin unser Beileid darzubringen. Wir fanden sie aufs tiefste betrübt. Sie beweinte den König, als wäre sie von ihm geliebt worden! Sie war stolz auf seinen Ruhm, stolz darauf, seine Gemahlin gewesen zu sein. Diese Begeisterung hatte sich seit seinem Ableben dermaßen gesteigert, dass sie den Glauben zu erwecken hoffte, sie habe dem König weit näher gestanden als man geglaubt habe. Sie brachte es so weit, sich selbst von den ziemlich sonderbaren Einzelheiten, die sie uns erzählte, zu überzeugen, und es war nicht immer leicht für uns, den durch die Umstände gebotenen Ernst zu bewahren.« Schließlich wussten alle Mitglieder der Königsfamilie, wie das Verhältnis Friedrichs II. zu Elisabeth Christine tatsächlich gewesen war. »Wenn er schon in den vergangenen Jahren wenig mit ihr gesprochen hatte, so war das seit langen Jahren überhaupt nicht mehr vorgekommen. Niemand von uns wusste sich dessen zu erinnern. Der König erteilte der Königin mehrmals in der Woche seine schriftlichen Befehle, und sie schrieb ihm, um seine Befehle zu erbitten und ihm über den Hof und die ihrer Erziehung anvertraute Prinzessin Friederike zu berichten. Damit hatte ihr Verkehr jedoch ein Ende.«

Elisabeth Christine hingegen hat das Verhalten ihres Gemahls immer wieder entschuldigt. Zuerst war es der Einfluss »falscher Freunde« gewesen, später dann auch sein labiler Gesundheitszustand, der eine Reise von Potsdam nach Berlin und eine Begegnung mit seiner Gemahlin zunehmend unmöglich machte. Noch kurz vor ihrem Tod schrieb sie in stiller Verehrung an ihren Neffen Friedrich Wilhelm II.: »Friedrich, der aus sich selbst so groß war, wäre seiner Eigenschaften wegen angebetet worden, wenn er nicht so wunderlich gewesen wäre. Alle großen Fürsten liefern dieses Beispiel. Er hat als der wahre Vater seines Volkes regiert; er war ein echter Freund, aber er hat so viele falsche Freunde gehabt, die unter der Maske ihrer Anhänglichkeit die wahren Freunde von ihm fernhielten, die ihm mit Herz und Seele ergeben waren. Jene anderen haben ihm oft Kummer gemacht, wenn er ihre Falschheit entdeckte, und dann ließ er den wahren Freunden Gerechtigkeit widerfahren, ohne es sie merken zu lassen, damit sie der Verfolgung nicht ausgesetzt wurden. Er war großmütig und wohltätig, er hatte keinen Hochmut und stand trotzdem auf seinem Platze, als wäre er ein Privatmann.«

Friedrich II. hatte schon 1769 den schriftlichen Wunsch geäußert, einmal auf der Terrasse von Sanssouci beigesetzt zu werden, dort, wo auch seine geliebten Windspiele in kleinen Särgen beerdigt worden waren. Das jedoch erschien seinem Nachfolger, dem neuen Preußenkönig Friedrich Wilhelm II., dann doch zu pietätlos. Auf seine Veranlassung fand der »alte Fritz« seine – vorläufig – letzte Ruhestätte in der Gruft der Potsdamer Garnisonkirche, dort, wo auch sein Vater 1740 beigesetzt worden war.

Bekanntlich ging der letzte Wunsch Friedrichs II. aber doch noch in Erfüllung. Im Zweiten Weltkrieg wurden die Särge der beiden Preußenkönige aus der Garnisonkirche entfernt und an verschiedenen anderen Orten in Sicherheit gebracht, 1952 zuletzt auf der Burg Hohenzollern in Sigmaringen, dem Stammsitz der Familie. Die Garnisonkirche, die auf Veranlassung Friedrich Wilhelms I. zwischen 1730 und 1735 errichtet worden war, musste 1968 auf Befehl des DDR-Regimes aus ideologischen Gründen gesprengt werden. Nach der Wiedervereinigung Deutschlands bot sich endlich die Chance, den letzten Wunsch Friedrichs II. zu erfüllen. Am 17. August 1991 wurde er seinem Testament gemäß in jener Gruft auf der obersten Weinbergterrasse von Schloss Sanssouci beigesetzt, die schon 1744 unter seiner Anleitung angelegt worden war. Die sterblichen Überreste Friedrich Wilhelms I. fanden unterdessen im Mausoleum der Potsdamer Friedenskirche die letzte Ruhestätte.

Leben als Königin-Witwe

Es fiel Elisabeth Christine gewiss nicht schwer, den Rang der »Ersten Dame« am Hohenzollernhof sowie die Kronjuwelen, die sie bei offiziellen Anlässen getragen hatte, an die neue Königin Friederike Luise abzutreten, die Gemahlin Friedrich Wilhelms II. Doch ihre

Trauer über den Tod Friedrichs II. war unendlich: »Es vergeht kein Tag, an dem ich nicht Tränen vergieße für den unvergleichlichen, heimgegangenen König, und solange ich lebe, werde ich ihn beweinen«, schrieb sie im September 1786 ihrem Bruder Ferdinand. Ansonsten hatte Elisabeth Christine keinen Grund zur Klage. Der Verstorbene hatte in seinem Testament bestimmt: »Der Königin, meiner Gemahlin, vermache ich zu den Einkünften, die sie schon bezieht, noch jährlich 10 000 Taler als Zulage, zwei Fass Wein jährlich, freies Holz und Wildbret für die Tafel. Es hat die Königin versprochen, meinen Neffen zu ihrem Erben einzusetzen. Da sich übrigens kein schicklicher Ort findet, ihr denselben zur Residenz anzuweisen, so mag es Stettin dem Namen nach sein. Doch fordere ich zugleich von meinem Neffen, ihr eine anständige Wohnung im Berliner Schloss freizulassen; auch wird er ihr jene Hochachtung beweisen, die ihr als Witwe seines Oheims gebührt und als einer Fürstin, die nie vom Tugendpfad abgewichen ist.«

Diese Aufforderung war vollkommen überflüssig. Friedrich Wilhelm hatte sich von jeher gut mit seiner königlichen Tante verstanden, und auch jetzt begegnete er ihr nur mit Ehrfurcht und Hochachtung. Im öffentlichen Kirchengebet, in dem Elisabeth Christine als regierende Königin niemals erwähnt worden war, nannte man sie jetzt gleich nach Friederike Luise. Zu sämtlichen Festen und Familienfeiern wurde sie ganz selbstverständlich eingeladen und durfte auch ihr geliebtes Schloss Schönhausen als Witwensitz behalten.

Großen Kummer bereitete Elisabeth Christine lediglich das amouröse Treiben ihres Neffen, dem die Berliner schon den unschönen Beinamen »der Vielgeliebte« verpasst hatten. Seine Gemahlin Friederike Luise hatte sich deshalb nach der Geburt ihres siebten Kindes 1783 geweigert, das Bett weiterhin mit ihm zu teilen. Nachdem sich Friedrich Wilhelms Liebe zu Wilhelmine Encke zunehmend auf die platonische Ebene verlagert hatte, war er in leidenschaftlicher Liebe zu der anmutigen Julie von Voß (Gräfin Ingenheim) entbrannt, einer Nichte der Hofdame Sophie von Voß, was dieser mehr als peinlich war. Sie ärgerte sich deshalb auch über Elisabeth Christine, die ihren verliebten königlichen Neffen trotz aller moralischen Bedenken gewähren ließ. Am 22. Februar 1788 lautete Frau von Voß' wütender

Tagebucheintrag: »Die alte Königin hatte ein großes Diner und fragte den König, ob sie die Ingenheim einladen sollte; natürlich sagte er ja, und so kam sie zum Diner. Ich finde es höchst Unrecht von der Königin, sie einzuladen, um dem König damit zu schmeicheln. Abends spielte sie doch nicht Lotto mit den Herrschaften, sondern spielte mit dem Hofstaat im vorderen Zimmer.« Und eine Woche später heißt es erneut: »Die alte Königin lud wieder die Ingenheim ein; ich finde, sie benimmt sich in dieser Sache so unwürdig und schwach wie möglich dem König gegenüber.«

Friedrich Wilhelm II. schloss mit der schönen Julie 1787 sogar eine morganatische Ehe, aber die junge Frau starb nur zwei Jahre später an Lungentuberkulose. Doch obwohl es Friedrich Wilhelm II. auch danach nicht an hübschen und willigen Hofdamen mangelte, hat er seine Gemahlin Friederike Luise stets äußerst respektvoll behandelt.

Der »vielgeliebte« Preußenkönig zählte gewiss nicht zu den größten Monarchen des Hohenzollernhauses, auch wenn er immer wieder unterschätzt worden ist. Während seiner Regierungszeit setzte er in Berlin neue architektonische Akzente, nachdem unter Friedrich II. bereits das Opernhaus Unter den Linden sowie das Prinz-Heinrich-Palais (heute Humboldt-Universität) erbaut worden waren. Noch 1786 machte Friedrich Wilhelm II. den Architekten Carl Gotthard Langhans (1733–1808) zum Direktor des Oberhofbauamtes und beauftragte ihn mit dem Bau eines neuen Schauspielhauses am Gendarmenmarkt. Langhans schuf zudem jenes Bauwerk, mit dem sich Friedrich Wilhelm II. gleichsam ein Denkmal setzte und das schon bald zum Wahrzeichen Berlins wurde: Das Brandenburger Tor (1788–1791), das 1794 durch die Quadriga des jungen Bildhauers Johann Gottfried Schadow (1764–1850) ergänzt wurde.

»Ich habe lange genug gelebt ...«

Auch wenn Elisabeth Christine künftig nicht mehr von den Familienfeiern und sonstigen Festen ausgeschlossen wurde und ganz selbstverständlich an der Doppelhochzeit ihrer Großneffen Friedrich Wilhelm (1770–1840) und Louis (1773–1796) teilnahm, die im Dezember 1793 die Schwestern Luise und Friederike von Mecklenburg-Strelitz heirateten, so führte sie nach wie vor ein eher zurückgezogenes Leben. Es fiel ihr nicht schwer: »Ich achte es für ein unschätzbares Glück, dass ich mich früh daran gewöhnt habe, immer tätig zu sein und mir manche Kenntnisse zu sammeln und Fertigkeiten zu verschaffen, die mich in den Stand setzen, mich mit mir selbst zu beschäftigen«, schrieb sie in ihren letzten Lebensjahren. Bis zu ihrem Tod erfreute sich Elisabeth Christine unverminderter geistiger Frische und verbrachte nach wie vor viel Zeit an ihrem Schreibtisch, schrieb Briefe, las und übersetzte Texte ins Französische. Das hohe Alter von 80 Jahren sah man der Königin-Witwe nicht an, sie war eine durchaus imposante Erscheinung, eine Tatsache, die auch Luise Radziwill in ihren Erinnerungen erwähnt: »Die Königin war sehr schön gewesen und war auch jetzt eine schöne Greisin. Sie erfreute sich als fromme und wohltätige Frau aller Hochachtung, besaß jedoch keinen glänzenden Geist und vermochte sich nur schwer auszudrücken.«

Von einer fiebrigen Krankheit, die sie Anfang Januar 1797 heimsuchte, hat sich Elisabeth Christine nicht mehr erholt. Sie wurde zunehmend schwächer und konnte das Bett nicht mehr verlassen. Am 13. Januar 1797 lautet der Tagebucheintrag von Sophie von Voß, mittlerweile Oberhofmeisterin der Kronprinzessin Luise: »Die Königin-Witwe war heute noch kränker; man kam, um uns zu sagen, sie sei tot, aber es war nicht wahr; der Kronprinz wünschte, ich solle zu ihr gehen, ich blieb bis acht Uhr bei ihr, und gerade in dem Augenblick, in dem ich fortgehen wollte, verschied sie. Ich ging noch einmal zu ihr hinein, um sie zu sehen und weinte lange mit ihren Damen. Trotz ihres hohen Alters ist ihr Tod mir dennoch ein großer Verlust.«

Der Tod hatte Elisabeth Christine von den Beschwerden des Alters erlöst. Kurz vorher hatte sie noch geschrieben: »Ich habe lange genug gelebt. Ich habe der Güte Gottes viel zu verdanken. Ich kann mir selbst und anderen durch ein längeres Leben wenig mehr nützen. Jenseits wird mir wohler sein.«

Am 29. Januar 1797 wurde Elisabeth Christine wie ihre königlichen Vorgängerinnen in der Hohenzollerngruft des Berliner Doms beigesetzt: »Sie ward von den Kammerherren bis auf den Trauerwagen getragen in einem schwarzen Samtsarge mit silbernen Griffen«, notierte Sophie von Voß. »So wurde sie ohne Pomp nach dem Dom gebracht. Die Damen und Herren und ebenso der ganze Hof folgten, die früher bei ihr gewesen waren, aber alles ganz in der Stille. Reuss als Oberhofmarschall stieg mit dem Sarg in die Gruft hinab.« Dort ruht Königin Elisabeth Christine bis heute, selbst im Tod weit von Friedrich entfernt.

Nachwort: Preußen im 19. Jahrhundert

Kurz nach Elisabeth Christines Tod ging Preußen unruhigen Zeiten entgegen. Die Regierungsjahre ihres königlichen Neffen Friedrich Wilhelm II. bildeten ein letztes glanzvolles Intermezzo für das höfische Leben an der Spree. Doch schon damals konnte man den bedrohlichen Kanonendonner nicht überhören, nachdem französische Revolutionstruppen 1792 den Rhein überschritten hatten und gen Osten vorgerückt waren.

Jetzt aber kam eine neue Generation zum Zug. Im November 1797 starb Preußenkönig Friedrich Wilhelm II. im Potsdamer Marmorpalais am Heiligen See und damit ging die Verantwortung für das Schicksal Preußens auf seinen Sohn und Nachfolger über, den dritten dieses Namens. Obwohl Friedrich Wilhelm III. (1770–1840) ein ausgesprochen friedliebender Monarch war, musste er sich schließlich doch der napoleonischen Herausforderung stellen, als die Franzosen sich anschickten, den ganzen Kontinent mit Krieg zu überziehen. Zu spät. Nach der verheerenden Niederlage Preußens bei Jena und Auerstedt 1806 stand das Land erneut am Rande des Abgrunds. Die Königsfamilie musste Berlin fluchtartig verlassen und sich im fernen Königsberg in Sicherheit bringen. Die Zukunft war völlig ungewiss. Preußens schon damals populäre Königin Luise (1776–1810) benannte 1807 den eigentlichen Grund für das Desaster: »Wir sind eingeschlafen auf den Lorbeeren Friedrichs des Großen, welcher, der Herr seines Jahrhunderts, eine neue Zeit schuf. Wir sind mit derselben nicht fortgeschritten, deshalb überflügelt sie uns.«

Doch Preußen überlebte auch die Napoleonischen Kriege, die mit der Niederlage und Verbannung des ambitionierten Franzosen zu Ende gingen. Nachdem das Heilige Römische Reich 1806 nach mehr als tausend Jahren untergegangen war, schuf der Wiener Kongress 1814/15 den Deutschen Bund, ein lockeres Bündnis souveräner Einzelstaaten, das von Österreich dominiert wurde. Nach und nach gelang es Preußen jedoch, sich zur gleichberechtigten Macht an die Spitze des Deutschen Bundes vorzuarbeiten und schließlich sogar zum Motor der Gründung des Deutschen Kaiserreiches zu werden – unter Ausschluss Österreichs. Nach drei Kriegen, die der preußische Ministerpräsident Otto von Bismarck (1815–1898) geschickt eingefädelt hatte, zuletzt den deutsch-französischen Krieg 1870/71, wurde der preußische König Wilhelm I. (1797–1888) am 18. Januar 1871 im Spiegelsaal des französischen Königsschlosses Versailles zum deutschen Kaiser ausgerufen.

Damit war auch Elisabeth Christines Heimatland Braunschweig-Wolfenbüttel zum Teil des Deutschen Reiches geworden. Doch die Tage des kleinen Fürstentums waren bereits gezählt. Als Herzog Wilhelm (1806–1884) ohne Erben starb, erlosch die Linie des neuen Hauses Wolfenbüttel, jene vormalige Linie Braunschweig-Bevern, die seit 1533 in den welfischen Stammlanden regiert hatte. Die Erbfolge ging daraufhin an Hannover (Braunschweig-Lüneburg) über, das 1866 jedoch von Preußen annektiert worden war. Erst 1913 konnten die Braunschweiger ihre Herrschaft wieder antreten, mussten aber nach dem Ende des Ersten Weltkriegs fünf Jahre später schon wieder abdanken. Diesmal endgültig.

Zeittafel

1712, 24. Januar	Geburt des preußischen Kronprinzen Friedrich in Berlin. Eltern: König Friedrich Wilhelm I. von Preußen und Sophie Dorothea von Hannover
1715, 8. November	Elisabeth Christine wird in Wolfenbüttel als Ältestes von 15 Kindern geboren. Eltern: Ferdinand Albrecht von Braunschweig-Bevern und Antoinette Amalie von Braunschweig-Wolfenbüttel
1730	Fluchtversuch des preußischen Kronprinzen Friedrich. Festsetzung in Küstrin
Ende 1731	Beginn der Verhandlungen über eine Ehe Elisabeth Christines mit Kronprinz Friedrich von Preußen
1732, 10. März	Verlobungsfeier in Berlin
1733, 12. Juni	Hochzeit auf Schloss Salzdahlum
1733, 2. Juli	Elisabeth Christines ältester Bruder Karl heiratet Friedrichs Schwester Charlotte
1734	Friedrich Wilhelm I. erwirbt Schloss Rheinsberg
1735, 1. März	Tod Herzog Ludwig Rudolfs von Braunschweig-Wolfenbüttel, Elisabeth Christines Großvaters. Ferdinand Albrecht II. wird neuer Herzog von Braunschweig-Wolfenbüttel. Damit verschwindet die Bevernsche Nebenlinie aus der Geschichte
1735, 3. September	Elisabeth Christines Vater Ferdinand Albrecht stirbt im Alter von 55 Jahren. Neuer Herzog von Braunschweig-Wolfenbüttel wird Karl I.
1736	Das Kronprinzenpaar bezieht Schloss Rheinsberg
1740, 30. Mai	Tod Friedrich Wilhelms I. Friedrich II. wird neuer König von Preußen. Umzug des Königspaares von Rheinsberg nach Berlin
1740	Friedrich II. schenkt Elisabeth Christine Schloss Schönhausen im Norden Berlins
1740, 20. Oktober	Tod Kaiser Karls VI. Inkrafttreten der Pragmatischen Sanktion Erster Schlesischer Krieg
1742, 6. Januar	August Wilhelm von Preußen heiratet Elisabeth Christines Schwester Luise Amalie
1742	Sophie von Camas wird Elisabeth Christines Oberhofmeisterin
1744–1745	Zweiter Schlesischer Krieg
1744, 25. September	Geburt des späteren Preußenkönigs Friedrich Wilhelm II.
1744	Friedrich II. ernennt seinen Bruder August Wilhelm zum Thronfolger (Prinz von Preußen)
1747	Einweihung von Schloss Sanssouci in Potsdam

1752	Graf Lehndorff wird zum Kammerherrn der Königin ernannt
1756–1763	Siebenjähriger Krieg
1757, 28. Juni	Tod der Königin-Mutter Sophie Dorothea
1757, Oktober	Flucht des Königshofs in die Spandauer Zitadelle und nach Magdeburg
1758, 12. Juni	Tod des Prinzen von Preußen August Wilhelm auf Schloss Oranienburg
1758, 14. Oktober	Friedrichs Schwester Wilhelmine von Bayreuth stirbt
1760, März	Erneute Flucht des Königshofs nach Magdeburg
1762, 6. März	Elisabeth Christines Mutter Antoinette Amalie stirbt
1763, 15. Februar	Mit dem Frieden von Hubertusburg endet der Siebenjährige Krieg. Elisabeth Christine kehrt einen Tag später nach Berlin zurück
1763, 30. März	Friedrich II. kehrt nach dem Siebenjährigen Krieg nach Berlin zurück
1766	Tod der Oberhofmeisterin Sophie von Camas. Charlotte von Kameke wird ihre Nachfolgerin
1776	*Le chrétien dans la solitude*, eine Übersetzung Elisabeth Christines, wird in einem Berliner Verlag veröffentlicht
1780, 13. Januar	Elisabeth Christines Schwester Luise Amalie stirbt
1780, 26. März	Tod des Herzogs Karl I. von Braunschweig-Wolfenbüttel, Elisabeth Christines Bruder
1786, 17. August	Tod Friedrichs II. von Preußen in Potsdam
1792, 3. Juli	Ferdinand, Elisabeth Christines jüngster Bruder, stirbt
1797, 13. Januar	Elisabeth Christine stirbt in Berlin
1797, 30. Januar	Beisetzung der Königin in der Hohenzollerngruft des Berliner Doms

Elisabeth Christines Familie

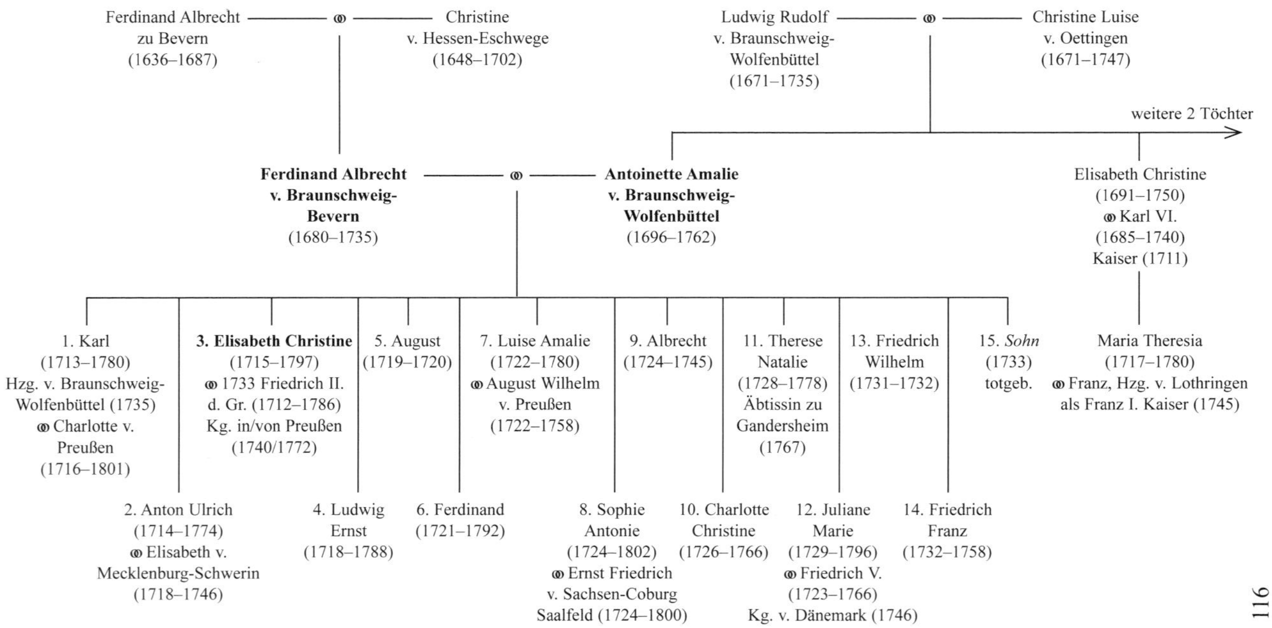

Literatur

Adlersfeld-Ballestrem, Eufemia von, Elisabeth Christine. Königin von Preußen, Herzogin von Braunschweig-Lüneburg. Lebensbild einer Verkannten, Berlin 1908

Andreas, Willy, Friedrich der Große und der Siebenjährige Krieg, Leipzig 1940

Aretz, Gertrude, Die Frauen der Hohenzollern, Berlin 1933

Arnheim, Fritz, Am Hofe Friedrichs des Großen, 2 Bde., Berlin 1912

Beck, Friedrich, Schoeps, Julius H. (Hg.), Der Soldatenkönig Friedrich Wilhelm I. und seine Zeit, Potsdam 2003

Biehringer, Frieda, Herzog Karl I. von Braunschweig, Wolfenbüttel 1920

Bornhak, Friederike, Die Fürstinnen auf dem Thron der Hohenzollern in Brandenburg-Preußen, Berlin 1889

Brandes Irma, Jauch, Ursula, Nesseln und Jasmin, Frauen auf Fürstenthronen, Esslingen 1989

Braunschweig-Bevern, Ein Fürstenhaus als europäische Dynastie (1676–1884). Ausstellungs-Begleitband, Braunschweig 1997

Clark, Christopher, Preußen. Aufstieg und Niedergang 1600–1947, München 2007

Cyran, Eberhard, Preußisches Rokoko. Ein König und seine Zeit, Berlin 1979

Debuch, Tobias, Anna Amalia von Preußen (1723–1787). Prinzessin und Musikerin, Berlin 2001

Droysen, Hans, Aus den Briefen der Königin Sophie Dorothea, in: Hohenzollernjahrbuch 17/1913 – *Ders.*, Die Briefe der Königin Sophie Dorothea von Preußen, in: Hohenzollernjahrbuch 18/1914

Elisas, Norbert, Die höfische Gesellschaft, Darmstadt – Neuwied 1969

Feuerstein-Praßer, Karin, Die preußischen Königinnen, Regensburg 2000 – *Dies.*, Karin, Friedrich der Große und seine Schwestern, Regensburg 2006

Friedrich Wilhelm Prinz von Preußen u. a.(Hg.) »… solange wir zu zweit sind«. Friedrich der Große und Wilhelmine Markgräfin von Bayreuth in Briefen, München 2003

Gerkens, Gerhard, Das fürstliche Lustschloss Salzdahlum und sein Erbauer Herzog Anton Ulrich von Braunschweig-Wolfenbüttel, Braunschweig 1974

Haffner, Sebastian, Preußen ohne Legende, Hamburg 1979

Hagemann, Alfred P., Königin Elisabeth Christine und ihre Sommerresidenz, in: Stiftung Preußische Schlösser und Gärten Berlin-Brandenburg: Schönhausen. Rokoko und Kalter Krieg – die bewegte Geschichte eines Schlosses und seines Gartens, Berlin 2009 – *Ders.,* Im Schatten des großen Königs: Königin Elisabeth Christine und ihr Verhältnis zu Friedrich II., in: Friedrich 300 – Colloquien, Friedrich und die historische Größe, bei: perspectivia.net 2010

Hahnke, F. W. M. von, Elisabeth Christine. Königin von Preußen, Gemahlin Friedrichs des Großen, Berlin 1848

Hatton, Rahnhild, Georg I. Ein deutscher Kurfürst auf Englands Thron, Frankfurt 1982

Hinrichs, Carl, Friedrich Wilhelm I. König von Preußen, Hamburg 1941

Hintze, Otto, Die Hohenzollern und ihr Werk, Berlin 1915
Holmsten, Georg, Friedrich II. in Selbstzeugnissen und Bilddokumenten, Reinbek bei Hamburg 1976
Joepchen, Paula, Die Gemahlin Friedrichs des Großen Elisabeth Christine als Schriftstellerin, Diss. Köln 1939/40
Klepper, Jochen, Der Vater. Roman des Soldatenkönigs, Stuttgart 1937 – Ders. (Hg.), In tormentis prinxit, Bilder und Briefe des Soldatenkönigs, Stuttgart 1938
Knop, Christiane, Königin Elisabeth Christine auf Schloss Niederschönhausen, in: Der Bär von Berlin 32/1983
Koser, Reinhold, Aus den letzten Tagen König Friedrich Wilhelms I., in: Hohenzollernjahrbuch 8/1904
Krockow, Christian Graf von, Die Preußischen Brüder. Prinz Heinrich und Friedrich der Große. Ein Doppelporträt, Stuttgart 1996
Kroll, Frank-Lothar, Die Hohenzollern, München 2008 – *Ders.,* Preußens Herrscher. Von den ersten Hohenzollern bis Wilhelm II., München 2006
Kugler, Franz, Geschichte Friedrichs des Großen, Stettin 1840
Kunisch, Johannes, Das Mirakel des Hauses Brandenburg, München 1979 – *Ders.,* Friedrich der Große. Der König und seine Zeit, München 2004
Lehndorff, Ernst Ahasverus Reichsgraf von, Des Reichsgrafen Ernst Ahasverus von Lehndorff Tagebücher nach seiner Kammerherrenzeit, Gotha 1921
Luise von Preußen, Fürstin Anton Radziwill, Fünfundvierzig Jahre aus meinem Leben (1770–1815), hg. von Fürstin Radziwill, geb. von Castellan, Braunschweig 1912
Mast, Peter, Die Hohenzollern. Von Friedrich III. bis Wilhelm II., Graz – Wien – Köln 1988
Meier, Brigitte, Friedrich Wilhelm II. König von Preußen 1744–1797. Ein Leben zwischen Rokoko und Revolution, Regensburg 2007
Nelson, Walter Henry, Die Hohenzollern. Biografie eines königlichen Hauses, München 1970
Neugebauer, Wolfgang, Geschichte Preußens, Hildesheim 2004
Neumann, Hans-Joachim, Friedrich Wilhelm I. Leben und Leiden des Soldatenkönigs, Berlin 1993
Noack, Paul, Elisabeth Christine und Friedrich der Große. Ein Frauenleben in Preußen, Stuttgart 2001
Oestreich, Gerhard, Friedrich Wilhelm I. Preußischer Absolutismus, Merkantilismus, Militarismus, Göttingen 1977
Oppeln-Bronikowski, Friedrich von, Leben und Wirken des Soldatenkönigs Friedrich Wilhelm I., Jena 1934
Oster, Uwe A., Wilhelmine von Bayreuth, München 2005 *Ders.,* Preußen, Geschichte eines Königreichs, München 2010
Pangels, Charlotte, Königskinder im Rokoko, München 1976 – Dies., Friedrich der Große. Bruder, Freund und König, München 1979
Poseck, Ernst, Die Kronprinzessin, Berlin 1940
Preußen – Versuch einer Bilanz. Katalog zur Ausstellung in Berlin, 5 Bde., Reinbek bei Hamburg 1981
Rave, Paul Ortwin, Berlin in der Geschichte seiner Bauten, München 1987

Reck-Malleczewen, Friedrich, Sophie Dorothea, Mutter Friedrichs des Großen, Berlin 1936

Schieder, Theodor, Friedrich der Große. Ein Königtum der Widersprüche, Frankfurt – Berlin – Wien 1987

Schimmel-Falkenau, Walter, Elisabeth Christine. 1. Die Kronprinzessin, 2. Die Königin, Leipzig 1925

Stamm-Kuhlmann, Thomas, Die Hohenzollern, Berlin 1995

Thiebault, Dieudonné, Friedrich der Große und sein Hof, Stuttgart 1901

Thöne, Friedrich, Wolfenbüttel. Geist und Glanz einer alten Residenz, München 1968

Trunz, Helmut, Die Beverns. Europas Hochadel von der Weser. Geschichte einer Fürstenfamilie, Hameln 2007

Venohr, Wolfgang, Der Soldatenkönig, Berlin 1988

Volz, Gustav Berthold (Hg.), Friedrich der Große und Wilhelmine von Bayreuth, Bd. 1 Jugendbriefe 1728–1740, Bd. 2 Briefe der Königszeit 1740–1758, Berlin – Leipzig 1924–1926

Voss, Sophie Maria Gräfin von, Neunundsechzig Jahre am preußischen Hofe, Leipzig 1900

Wilhelmine von Bayreuth. Memoiren, Leipzig 1923

Windt, Franziska, Die Königin und ihr Schloss. Elisabeth Christine in Schloss Schönhausen, in: zeitenblicke 7 (2008), Nr. 1

Winter, Ingelore, Friedrich der Große und die Frauen, Esslingen 1985

Ziebura, Eva, Kein Mitleid mit den Frauen. Die Braunschweiger Schwestern. Frauen von Friedrich dem Großen und Prinz August Wilhelm, Berlin 2006

Bildnachweis

akg-images, Berlin: 97

Bildarchiv Preußischer Kulturbesitz, Berlin (bpk) / Bayerische Staatsbibliothek: 54

bpk / Bayerische Staatsgemäldesammlungen: 50

bpk / Nationalgalerie, SMB / Jörg P. Anders: 8

bpk / Stiftung Preußische Schlösser und Gärten Berlin-Brandenburg / Roland Handrick: 74

http://commons.wikimedia.org: 35, 41

ullstein bild: 28, 63, 81

ullstein bild – AKG Pressebild: 17

ullstein bild – SZ Photo: 22